W0078180

CARL AUER

LebensLust

Maureen Luyens, Alfons Vansteenwegen

Trotz aller Liebe
Wie überstehen wir den Seitensprung?

Aus dem Niederländischen von Volker Moritz

Zweite Auflage, 2009

Über alle Rechte der deutschen Ausgabe verfügt Carl-Auer-Systeme
Verlag und Verlagsbuchhandlung GmbH Heidelberg
Fotomechanische Wiedergabe nur mit Genehmigung des Verlages
Satz: Verlagsservice Hegele, Heiligkreuzsteinach
Umschlaggestaltung: Goebel/Riemer
Printed in Germany
Druck und Bindung: Freiburger Graphische Betriebe, www.fgb.de

ISBN 978-3-89670-524-2
Zweite Auflage, 2009
© 2006, 2009 Carl-Auer-Systeme, Heidelberg

© 2003, Uitgeverij Lannoo nv. For the original edition. Original title:
Ondanks de liefde. Translated from the Dutch language. www.lannoo.com.

Bibliographische Informationen Der Deutschen Nationalbibliothek
Die Deutsche Nationalbibliothek verzeichnet diese Publikation in der
Deutschen Nationalbibliografie; detaillierte bibliografische Daten
sind im Internet über http://dnb.ddb.de abrufbar.

Informationen zu unserem gesamten Programm, unseren Autoren
und zum Verlag finden sie unter: **www.carl-auer.de.**

Wenn Sie unseren Newsletter zu aktuellen Neuerscheinungen
und anderen Neuigkeiten abonnieren möchten, schicken Sie
einfach eine leere E-Mail an: **carl-auer-info-on@carl-auer.de.**

Carl-Auer Verlag
Häusserstraße 14
69115 Heidelberg
Tel. 0 62 21-64 38 0
Fax 0 62 21-64 38 22
E-Mail: info@carl-auer.de

Inhalt

Einleitung

Wie kommen wir auf die Idee, ein Buch wie dieses zu schreiben? Und dann noch über so ein Thema? Wie verarbeitet man einen Seitensprung? Auch unser Freundeskreis reagierte zunächst verwundert, als wir von diesem Buch berichteten.

In unserer therapeutischen Arbeit mit Paaren wird immer wieder deutlich, dass viele der Paare, die um Hilfe bitten, mit diesem Thema große Schwierigkeiten haben und mit den Problemen, die sich aus einer Beziehung mit einer dritten Person ergeben, nicht alleine fertig werden. Das bedeutet nicht, dass es heutzutage mehr Beziehungen mit anderen Partnern neben dem festen Partner gibt, auch wenn es manchmal so zu sein scheint. Es bedeutet ebenfalls nicht, dass ein Paar nicht in der Lage sei, zu zweit eine derartige Situation selber zu klären. Es bedeutet schlicht und einfach, bei den vielen Paaren – es sind ja tausende –, die sich einer Paartherapie unterziehen wollen, Probleme mit der Verarbeitung von Beziehungen mit einer dritten Person sehr häufig sind. Um genau zu sein, spielt das Thema bei einem Drittel der Paare, die um Hilfe bitten, eine Rolle. Und bei Hilfe suchenden Paaren steht diese Problematik eher im Vordergrund, als das früher der Fall war.

Ein weiterer Punkt ist, dass eine Affäre und die dadurch entstehenden Probleme die meisten Menschen emotional tief treffen. Es sind keine oberflächlichen, vorübergehenden Ereignisse, sondern einschneidende Erfahrungen, die den Lebenspartner sehr verletzen können. Eine Affäre kann eine Zweierbeziehung noch jahrelang ernsthaft beeinflussen und schädigen. Es sind emotionale Erfahrungen, die einen tiefen und langfristigen Einfluss auf die Beziehung haben und meistens auch bleibende Narben hinterlassen.

Das Problem des Fremdgehens und seine Verarbeitung in der Paarbeziehung spiegeln sich auch in den vielen Fragen, die uns immer wieder im Anschluss an Vorträge zu unterschiedlichen Gelegenheiten gestellt werden:

- »Was muss ich tun, wenn ich seit 15 Jahren mit jemandem zusammenlebe und plötzlich Gefühle für eine andere Person entwickele, obwohl ich auch den eigenen Partner immer noch liebe?«
- »Kann ich je wieder glücklich werden mit meinem Partner, nachdem er mich betrogen hat?«
- »Wie lange dauert es, bis ein Seitensprung oder eine Affäre vollständig zu Ende und verarbeitet ist?«
- »Kann ich wieder neues Vertrauen in meinen Partner gewinnen? Ist das überhaupt möglich?«
- »Ist es ein Zeichen dafür, dass in der eigenen Beziehung etwas nicht stimmt, wenn sich ein Partner in eine andere Person verliebt?«
- »Ist eine Affäre überhaupt je zu Ende?«

Wir möchten noch einmal betonen: Fremdgehen muss nicht für alle Paare eine traumatische Erfahrung sein. Es ist unter bestimmten Umständen auch möglich, dass ein Seitensprung kein schwerwiegendes Problem darstellt. Dann hat dieses Buch nicht viel zu bieten. Auch gibt es Paare, die sich auf andere Dinge einigen, was das Zusammenleben betrifft. Für sie steht zum Beispiel der Ausschließlichkeitsanspruch nicht an erster Stelle. Diesen Lesern empfehlen wir dann ebenfalls, das Buch gleich wieder wegzulegen oder es als Kuriosität zu betrachten.

Für alle Menschen aber, die an diesem Punkt für sich selbst oder für ihre Beziehung zum jetzigen Lebenspartner ein Problem sehen, bietet dieses Buch praktische Überlegungen, Ratschläge und Tipps, die bei der Verarbeitung einer »problematischen Beziehung außerhalb der Zweierbeziehung« helfen können. Vielleicht finden Sie sich auch in den hier beschriebenen persönlichen Geschichten wieder. Das kann Ihnen helfen, Ihre eigene Situation besser zu akzeptieren und zu erkennen, dass Sie nicht der/die einzige sind.

Menschen, die jemanden im Freundeskreis, in der Familie oder im Umfeld kennen, der eine Liebesaffäre hat, eröffnet das Buch eine neue, realistischere Sichtweise. Vielleicht werden sie in Zukunft eine Beziehung zu einer dritten Person etwas differenzierter sehen?

Es gibt verschiedene Gründe, warum durch eine Affäre mit einer anderen Person neben einer festen Beziehung so häufig Probleme entstehen und diese unzureichend verarbeitet werden:

- Im Laufe der Zeit haben sich viele Werte und Normen verändert: Der Wert einer ausschließlichen und lang anhaltenden Zweierbeziehung wird durch den Anspruch auf Selbstverwirklichung infrage gestellt. Auf den Preis, der dafür bezahlt werden muss, achtet man nicht. Wer nur nach Selbstverwirklichung strebt, sollte besser keine feste Beziehung eingehen.

- Wer in seinem Leben nur konsumieren will und Beziehungen aus Egoismus eingeht, um einen Vorteil daraus zu ziehen, wird ohne große Schwierigkeiten mehrere Beziehungen nebeneinander oder nacheinander haben können. Wer den Partner wechselt oder zusätzliche Partner sucht, kann mehr Gewinn aus seinen Beziehungen ziehen. Das ist dann sozusagen »zusätzliches Glück«.

- Der Einfluss der Religionen auf Beziehungen ist nicht mehr so groß wie in früheren Zeiten. Dadurch erscheint die ausschließliche Liebesbeziehung als Lebensform, wie sie in der jüdisch-christlichen Tradition gefordert wird, heutzutage nicht mehr als so wichtig.

- Auch der Einfluss der Institutionen hat abgenommen. Die Hochzeit als Institution, als eine Einrichtung, für die man sich gemeinsam entscheidet und bei der bestimmte Regeln gelten, wirkt nicht mehr modern. Die Lebenspartner wählen sich heute ihre eigenen Regeln aus, die ihre Beziehung und die Art des Zusammenlebens bestimmen. An sich ist diese Entwicklung sehr positiv, doch wird das Zusammenleben dadurch nicht einfacher.

- Es gibt inzwischen viele verschiedene Formen von Beziehungen und Lebensgemeinschaften. Dabei spielt das Modell der lang anhaltenden und ausschließlichen Beziehung nicht mehr so eine wichtige Rolle. Auch in den Medien sieht man nur wenige feste Beziehungen. Doch wir sollten nicht vergessen, dass immer noch zwei von drei Paaren bis zum Tode mit nur einem Partner zusammenleben! Zwei von drei Ehen sind also lang anhaltende Beziehungen. Wenn Menschen eine längere Lebenserwartung haben, wächst auch die Wahrscheinlichkeit, dass sie eine Beziehung zu einer dritten Person haben werden.

- Heute wird auch mehr mit unterschiedlichen Beziehungsformen, Lebens- und Wohnformen experimentiert. So gibt es unter anderem zeitlich begrenzte, abwechselnde, vorläufige, nicht institutionalisierte Beziehungen und solche, bei denen die Partner zeitweilig zusammen und zeitweilig getrennt leben, Homo- und Heterobeziehungen, gleichzeitige Beziehungen, nichteheliche Lebensgemeinschaften und so weiter.

- In unseren Therapien stellen wir fest, dass Beziehungen zu einer anderen Person nicht nur im mittleren Lebensalter vorkommen, sondern genauso bei jungen Menschen, die noch nicht lange zusammenleben, und bei alten Menschen.

- Für Menschen, die ausschließlich »aus dem Gefühl heraus« leben, sind parallele Beziehungen kein Problem, solange sie sich nur gut dabei fühlen. Verliebtheit und Leidenschaft spielen dabei eine wichtige Rolle. Verliebtheit ist vielleicht notwendig, um eine Beziehung zu beginnen, aber sie ist nicht die Kraft, die Menschen auch zusammen hält. Verliebtheit sorgt für ein intensives Glücksgefühl. Wer nur im Hier und Jetzt lebt, kann keinen besseren Gefühlszustand finden. In der Verliebtheit liegt darum ohne Zweifel auch der größte Anreiz, eine außereheliche Beziehung zu beginnen.

- Durch die veränderten Lebensumstände lernen Partner heute immer häufiger neue Menschen außerhalb ihrer festen Beziehung kennen. Mehr Frauen arbeiten heutzutage auch außer Haus. Es werden größere Entfernungen zur Arbeitsstelle zurückgelegt. Die Menschen sind allgemein mobiler geworden und kommen in der Freizeit und im Urlaub mehr herum als früher. Sportliche und musikalische Aktivitäten oder Veranstaltungen tragen ein Übriges dazu bei.

All diese Tatsachen begünstigen Beziehungen außerhalb der festen Beziehung oder Ehe. In der Folge haben auch mehr Paare Probleme damit, und es gibt mehr Paare, die sich fragen, wie sie sich verhalten sollen; wie sie zu zweit eine solche verletzende Situation verarbeiten und abschließen können; wie andere Paare, die mit ähnlichen Problemen konfrontiert sind, damit umgehen. Dieses Buch liefert brauchbare Informationen dazu und gibt hilfreiche Orientierung. Wir sind davon überzeugt, dass es zu einer stabileren und erfüllenderen Beziehung führt, wenn es gelingt, einen Seitensprung gemeinsam zu verarbeiten.

Das Besondere an diesem Buch besteht darin, dass hier die Entwicklung einer »Beziehung zu Dritten« in unterschiedliche Phasen eingeteilt wird, die deutlich voneinander getrennt sind: 1) das Entstehen, 2) Vermutungen und das Verleugnen, 3) Aufdeckung, emotionale Ausbrüche und unüberlegte Entscheidungen, 4) das Fällen einer Entscheidung, 5) die Sackgasse, 6) das Beenden einer Affäre und 7) das Verarbeiten. Für jede einzelne Phase werden die typischen Merkmale beschrieben und an einem lebensnahen Beispiel illustriert. Daneben beschreiben wir die Möglichkeiten und Chancen, die jede Phase bietet.

Wir haben inzwischen in vielen Ländern für andere Paartherapeuten Vorträge gehalten und gut besuchte Workshops zu diesem Thema abgehalten. Auch auf internationalen Kongressen bestand ein großes Interesse an diesem Thema. So kamen wir auf die Idee, unsere Einsichten aufzuschreiben. Sie mündeten u. a. in einen Artikel, der unmittelbar in drei verschiedene Sprachen übersetzt und in verschiedenen wissenschaftlichen Zeitschriften publiziert wurde. Es ist deutlich, dass es ein großes Interesse an diesem Thema gibt.

Trotz allem runzeln unsere Freunde die Stirn, wenn dieses Thema angesprochen wird. Aber das wundert uns nicht …

Maureen Luyens und Alfons Vansteenwegen

Teil 1: Der Seitensprung

Hillary und Bill Clinton

Präsident Bill Clinton hielt seine Frau Hillary jahrelang im Ungewissen über seine Untreue. Als die Memoiren der First Lady erschienen, waren ihre Enthüllungen darüber die größte Neuigkeit über ihre achtjährige Zeit im Weißen Haus. Hillary beschreibt, wie ihr Mann ihr monatelang etwas vorgelogen hat. Sie glaubte ihm, dass er mit Lewinsky keine sexuelle Beziehung hatte. Bill hielt an seinem Standpunkt fest, er habe kein Verhältnis mit Lewinsky gehabt, selbst als die Presse den Skandal ans Licht brachte. Erst am Morgen des 15. August 1998, als der Präsident sein Erscheinen vor der Grand Jury vorbereitete, weckte er Hillary morgens früh und beichtete seine Affäre. Hillary Clinton erinnert sich noch in allen Einzelheiten an diesen Moment, in dem ihr Mann seinen Fehltritt zugab. »Mein Atem stockte, ich bekam keine Luft mehr, ich begann zu heulen und zu schreien. Ich war rasend vor Wut, und das Gefühl wurde von Minute zu Minute schlimmer.« Sie explodierte förmlich vor Wut und Enttäuschung. Beide Partner zogen sich danach völlig voneinander zurück, und es herrschte eine lange Funkstille zwischen ihnen. Danach merkte Hillary jedoch, dass sie Bill noch immer liebte, auch wenn sie »ihm als Ehemann den Hals umdrehen könnte«. Nachdem einige Zeit verstrichen war, stellte sich das entspannte Gefühl wieder ein, wenn der andere anwesend war. Allmählich konnten sie auch wieder gemeinsam neue Projekte in Angriff nehmen. Hillary begann mit ihrer Kampagne für den Senatssitz, und Bill unterstützte sie dabei.

Wenn man als Partner von seinem Lebensgefährten zu hören bekommt, dass er eine Liebesaffäre mit einer anderen Person hat, ist das emotional ein tiefer Schock (Levine 1998). Die ganze Welt stürzt zusammen. Es ist, als habe man keinen Halt mehr. Die Schmerzen sind schier nicht auszuhalten. Wahrscheinlich ist es eine der schwersten psychischen Verletzungen, die man als Erwachsener erleben kann, und es ist allemal das Schlimmste, was einem in einer Liebesbeziehung widerfahren kann. Immer wieder berichteten uns Menschen, dass das Fremdgehen des Partners das Schlimmste sei, was ihnen jemals zugestoßen ist. Nur das Sterben eines eigenen Kindes sei schlimmer.

Der Partner, der eine Beziehung zu einer dritten Person eingeht, erlebt die Verliebtheit zu Beginn der neuen Beziehung wie einen Wirbelsturm der Gefühle. Man ist wie verzaubert. Doch gleichzeitig spürt man auch die Unruhe und sieht, welche Probleme die Situation mit sich mitbringt. Man fühlt sich unbehaglich gegenüber dem Lebenspartner, ist voller gemischter und widersprüchlicher Gefühle.

Wird die neue Beziehung zur anderen Person geheim gehalten, so ist dies ein enormer Vertrauensbruch in der bisherigen Beziehung. Das ist deshalb schlimm, weil Vertrauen die Grundlange für eine feste Beziehung ist. Mit einem Lebensgefährten will man einen offenen und ehrlichen Umgang haben.

Ein Paar, das zusammenlebt, trifft unausgesprochen die Vereinbarung, füreinander an erster Stelle zu stehen und eine sexuelle Beziehung miteinander zu haben, die andere ausschließt. Die beiden wollen füreinander die wichtigsten Personen sein und ausschließlich miteinander sexuellen Kontakt haben. Eine außereheliche Beziehung ist ein Vertragsbruch, die die Beziehung selbst infrage stellen kann.

Es gibt keine zwei gleichen Seitensprünge. Jedes Mal ist es eine andere Geschichte. Lassen Sie uns einige Beispiele aufführen, um zu verdeutlichen, wie unterschiedlich das Verhalten beim Ehebruch oder Fremdgehen sein kann. (Wir lassen uns dabei von dem amerikanischen Forscher Levine [1998] inspirieren.)

Ein Mann hat ein Verhältnis neben seiner festen Beziehung. Eine Frau hat eine Liebesaffäre. Eine Person, die mit jemandem zusammenwohnt, hat eine Affäre mit einer dritten Person. Eine frisch vermählte Person geht in der Gewöhnungsphase direkt nach der Hochzeit eine andere Beziehung ein. Jemand beginnt nach vielen Ehejahren ein Verhältnis. Ein Mann beginnt ein Verhältnis, während seine Frau sich nach den Wechseljahren körperlich verändert. Jemand geht fremd, nachdem sein Partner jahrelang jegliche Form des sexuellen Kontakts verweigerte. Jemand beginnt eine neue Beziehung, nachdem er jahrelang eine Vernunftbeziehung mit einem Partner ohne wirkliche Intimität hat. Ein Mann hat eine andere Beziehung während der jahrelangen chronischen Krankheit seines männlichen Lebenspartners. Eine allein stehende Frau hat ein Verhältnis mit einem verheirateten Mann. Ein allein stehender Mann hat ein Verhältnis mit einer verheirateten Frau. Eine verheiratete Frau hat ein Verhältnis mit einem verheirateten Mann. Zwei Frischvermählte haben miteinander eine außereheliche Beziehung. Zwei Menschen im dritten Lebensabschnitt haben eine Affäre. Eine verheiratete Frau hat eine lesbische Affäre. Ein verheirateter Mann hat Sex mit einer Prostituierten. Ein verheirateter Mann hat auf Geschäftsreisen einen einmaligen Kontakt mit einer Frau, die er nie wieder sieht. Ein verheirateter Mann hat in seiner Vorstellung Sex, während er masturbiert und über das Internet mit einer unbekannten weiblichen Person Kontakt hat. Ein Priester, der im Zölibat lebt, hat ein sexuelles Verhältnis mit einer verheirateten Frau. Ein homosexueller Mann in einer festen Beziehung hat anonymen sexuellen Kontakt mit einem anderen Mann. Ein Mann, der während seiner Wehrpflicht lange Zeit im Ausland und in großer Gefahr lebt, beginnt eine rein sexuelle Beziehung mit einer Person, die dazu ihre Zustimmung gibt. Eine reiche Frau findet heraus, dass ihr Mann seit Jahren ein Verhältnis mit einer Angestellten hat und dass er einen dritten Ehering anfertigen ließ, um mit der Angestellten als Ehepartner auf Reisen zu gehen. Eine Frau beginnt eine außereheliche Beziehung, nachdem ihr Mann nach seinem sechzigsten Geburtstag beginnt körperlich abzubauen. Ein Pfarrer, der nicht im Zölibat lebt, beginnt ein Verhältnis mit einem Gemeindeglied. Ein Therapeut, der angibt, Menschen mit sexuellen Beschwerden zu helfen, missbraucht mehrere weibliche Klientinnen. Ein 45-jähriger verheirateter Mann bittet um Hilfe, da er süchtig nach Kinderpornografie im Internet geworden ist. Ein Mann schlägt seine Frau jedes Mal, wenn sie einige Minuten zu spät vom Einkaufen nach Hause kommt, und beschuldigt sie zu Unrecht, eine Affäre mit einem anderen Mann zu haben.

1. Wovon handelt dieses Buch?

Das Phänomen, das wir in diesem Buch erkunden wollen, könnte man auf folgende Weise beschreiben.

Ein Partner geht innerhalb einer festen Beziehung (mit oder ohne Trauschein, hetero- oder homosexuell) mit einer anderen Person eine wichtige gefühlsmäßige, intime und sexuelle Beziehung von einer gewissen Dauer ein. In diese neue Beziehung wird meistens auch viel Zeit investiert. Man könnte sie als eine Art polygamer Beziehung mit körperlicher und emotionaler Untreue bezeichnen.

Wenn hier also von einer Beziehung zu einer dritten Person die Rede ist, meinen wir damit nicht einen einmaligen »Ausrutscher« und auch keine rein gefühlsmäßige Verliebtheit, die jemand in sich selbst spürt, dies aber nicht dem Objekt der Begierde mitteilt. Wir sprechen auch nicht über eine Kongressbekanntschaft oder einen Besuch bei einer Prostituierten. Dabei ist uns durchaus bewusst, dass diese Erfahrungen ebenfalls einen starken emotionalen Einfluss auf eine feste Beziehung haben können. Doch werden wir in diesem Buch nicht tiefer auf diese Aspekte eingehen.

Wo beginnt die Untreue?

Jedes Paar hat seine eigenen Regeln zu intimen Kontakte mit anderen. Bei einigen Paaren werden diese Regeln nie ausgesprochen, sie sind implizit. Andere reden schon am Anfang ihrer Beziehung darüber. Sie vertreten ihren eigenen Standpunkt und einigen sich auf klare gemeinsame Absprachen.

Manche sehen Küssen, Petting und Geschlechtsverkehr, Zeit miteinander verbringen und eine intime emotionale Verbindung mit einer dritten Person als Untreue an. Andere teilen Untreue in die folgenden verschiedenen Kategorien ein: 1. sich verabreden (Dating) oder Zeit miteinander verbringen; 2. körperlicher Kontakt wie Schmusen, Knutschen oder Petting; 3. der eigentliche Geschlechtsverkehr.

Paare haben jeweils unterschiedliche Toleranzgrenzen in Bezug auf das, was sie im Umgang mit Dritten akzeptieren. Bei einigen ist es ein Verbrechen, wenn sich der eine Partner in eine andere Person verliebt. Für andere ist ein intensives Gespräch mit einer dritten Person ein Problem. Hin und wieder gibt es auch Paare, die angeben, dass eine sexuelle Beziehung mit einer anderen Person keine so große Gefahr für ihre Beziehung darstellen würde wie die Aufmerksamkeit einer anderen Person für den Partner. »Du kannst mit jedem ins Bett gehen, solange du nur nicht mit ihm sprichst!«, sagte einmal ein Mann zu seiner Frau. Manche Menschen sprechen auch von Untreue, wenn man sexuelle Fantasien in Bezug auf eine andere Person als den eigenen Partner hat.

Diskussion

Treue innerhalb der Untreue

Maureen: Manche Menschen sind noch treu innerhalb ihrer Untreue.

Fons: Wie meinst du das?

Maureen: Nun, jemand kann ein Verhältnis zu einer dritten Person haben, aber doch zu seinem Lebensgefährten sagen: »Was auch immer passiert, dich lasse ich nie im Stich.«

Fons: Das ist dann eine besondere Form der Treue!

Maureen: Vielleicht sollten wir das besser Loyalität nennen. Dass man gegenüber dem festen Partner loyal bleibt.

Paare unterscheiden sich auch darin, ob sie mit ihrem Partner über die andere Beziehung sprechen oder sie verschweigen. Für die eine Person darf ein Seitensprung vorkommen, solange er geheim gehalten wird und der Partner nichts davon erfährt. Eine andere Person akzeptiert dies nur, wenn alles besprochen wird. Ein Beispiel dafür liefert eine Episode aus dem Film *Les liaisons dangereuses* (Gefährliche Liebschaften). In der Geschichte haben zwei Liebende beide Spaß daran, andere Personen zu verführen und sexuell zu erobern, um anschließend diese Abenteuer bis ins kleinste Detail miteinander zu besprechen. Sie fordern sich gegenseitig heraus, immer weiter bis an die Grenzen zu gehen, und empfinden eine perverse Lust dabei, wenn sie sich darüber austauschen, bis einer der beiden sich bei einem Eroberungsmanöver wirklich in eine andere Person verliebt und damit die Spielregeln bricht.

Einige Menschen sind davon überzeugt, dass Partner beim Fremdgehen nie die Wahrheit sagen können. Für den bekannten amerikanischen Paartherapeuten Pittman (1989) sind Menschen in einer Beziehung mit Dritten automatisch Lügner und Betrüger. Seiner Auffassung nach werden Menschen, die untreu sind, grundsätzlich und unweigerlich zum Betrüger. Wie später deutlich werden wird, teilen wir diese Meinung nicht. Aber gehen wir auch davon aus, dass man eine Beziehung zu einer dritten Person – genau wie jede andere Form einer Beziehung – nie vollständig in Worten ausdrücken kann.

Männer und Frauen unterscheiden sich in ihrer Einstellung gegenüber Untreue. *Frauen* empfinden es eher als Untreue, wenn der Partner Verabredungen mit einer anderen Person trifft, mit ihr Zeit verbringt, Nähe zu ihr spürt und Geheimnisse vor dem Partner hat. Diese Art der Intimität empfinden sie als verletzend.

Männer sprechen dagegen meist nur von Untreue, wenn es um sexuelle Kontakte geht. Für sie ist es schlimmer, wenn ihr Partner Sex mit einer anderen Person hat, als wenn sich der Partner gefühlsmäßig zu einer anderen Person hingezogen oder mit ihr verbunden fühlen würde.

Neuere Studien weisen allerdings nach, dass sich dieser Unterschied zwischen Männern und Frauen in der heutigen Zeit immer kleiner wird.

Wie nennen wir solche Beziehungen?

Fremdgehen kann recht unterschiedlich beschrieben werden. Für uns geht es dabei zusammengefasst um Folgendes. Zwei Partner leben zusammen. Einer der beiden beginnt ein intensives Verhältnis mit einer dritten Person. Wie sollte man das nennen? Es gibt viele Begriffe dafür: außereheliche Beziehung, außerhäusliches Verhältnis, außerehelicher Sex, Fremdgehen, Außenbeziehung, Untreue, Ehebruch, eine Affäre haben, eine Beziehung außerhalb der Zweierbeziehung, ein Verhältnis. Das sind unterschiedliche Begriffe, die ungefähr das Gleiche aussagen. Und jeder Begriff beinhaltet auch ein eigenes Werturteil. So klingt »Untreue« ganz anders als »eine Affäre haben«. Und eine »außereheliche Beziehung« setzt voraus, dass es sich um ein Paar handelt, das wirklich miteinander verheiratet ist. Als ob es nicht möglich wäre, eine Affäre zu haben, wenn man unverheiratet zusammenlebt!

Es gibt auch Paare, die Beziehungen mit anderen Personen tolerieren. Sie treffen miteinander ausdrücklich Vereinbarungen darüber. Dann handelt es sich also um eine Affäre, aber nicht um Betrug. In der Soziologie spricht man von »komaritalen Beziehungen«, Beziehungen, die zu der bestehenden Zweierbeziehung hinzukommen.

Es wird deutlich, dass es viele Begriffe gibt. Bei manchen Begriffen geht es um »Betrug«. Doch streng genommen ist es Betrug, wenn etwas verschwiegen wird, eine bestehende Beziehung verneint oder abgestritten wird. In diesem Sinne gibt es bei Beziehungen mit Dritten drei Arten von »Betrug«.

1) Man kann die Beziehung zu einer dritten Person verschweigen.
2) Man kann leugnen, dass es eine Beziehung gibt, wenn der Partner etwas vermutet und nachfragt.
3) Man kann die Tatsachen anders beschreiben, als sie in Wirklichkeit sind, und in diesem Sinne eigentlich lügen.

Jeder Begriff hat Vor- und Nachteile. Beim Begriff »Untreue« geht es darum, dass es an Treue mangelt. Darin liegt ein moralisches Urteil. Ebenso ist der Begriff »Fremdgehen« eigentlich neutral gemeint, aber »fremd« hat doch einen negativen Klang. »Ehebruch« klingt etwas christlich oder juristisch und legt nahe, dass man eine Grenze überschritten hat und dadurch die Ehe zerrüttet ist. Der Unterton ist Sünde und Schuld an der Zerrüttung der Ehe. Der Begriff »außereheliche Beziehung« bezieht sich wortwörtlich genommen nur auf verheiratete Paare, aber selbstverständlich können auch zwei Partner, die zusammenleben und nicht verheiratet sind, eine Beziehung mit einer dritten Person eingehen. Vom Begriff »Betrug« war eben schon die Rede: Es muss sich nicht immer darum handeln, dass der Partner wirklich betrogen wird. Es gibt zum Beispiel Menschen, die ein Verhältnis mit einer anderen Person haben und ihrem Partner gegenüber ganz offen und ehrlich sind. Der Begriff »Affäre« klingt relativ neutral.

Der Ausdruck »außerehelicher Sex« ist nicht immer passend. Erstens handelt es sich nicht immer um ein verheiratetes Paar und zweitens nicht nur um Sex. »Komaritaler Sex« wäre es nur, wenn beide Partner dem Kontakt mit der dritten Person zustimmen. Ein neutraler, aber eher wissenschaftlicher Begriff ist »extradyadische Beziehung«. Hiermit verweist man auf eine Beziehung außerhalb (»extra«) der Zweierbeziehung (»Dyade«). Dies könnte man eindeutschen mit »außenbezügliche Beziehung« oder »außenbezügliches Verhältnis«, doch das klingt nicht gut und man verliert in dem Sinne den Aspekt der Zweierbeziehung aus dem Auge, dass es sich um eine Beziehung von zwei Personen handelt. In dem Sinne ist der objektivste Begriff »extradyadische Beziehung«. Der bekannte Schweizer Paartherapeut Willi (2002) schlägt einen anderen Begriff vor: »Außenbeziehung«.

Wir verwenden im Text abwechselnd die unterschiedlichen Begriffe: Affäre, außereheliche Beziehung (auch wenn es sich nicht um eine Beziehung mit Trauschein handelt), Außenbeziehung, extradyadische Beziehung und Beziehungen mit Dritten.

Wie nennen wir die drei betroffenen Partner?

Wie nennen wir die drei Partner, die von einer solchen Situation betroffen sind? Die gleiche Frage muss man schon bei den beiden Partnern der Ausgangsbeziehung stellen. Ist die eine Person der »Betrüger« und die andere der »betrogene Partner«? Diese Bezeichnungen wären viel zu wertend. Den Partner, der die extradyadische Beziehung eingeht, könnten wir auch den »Fremdgänger« nennen. Doch wie heißt dann der andere Partner des Paares? Wir könnten auch für den ersten die folgende Bezeichnung wählen: »derjenige, der eine Beziehung hat«. Doch dann stellt sich wiederum die Frage: Wie heißt der andere? »Der Partner desjenigen, der eine Beziehung hat«? Wie bezeichnet man den Partner des »Ehebrechers«? Den Partner, der die Beziehung mit der dritten Person eingeht, könnte man als »untreuen Partner« bezeichnen. Aber dessen Partner als »treuen Partner« zu bezeichnen, wäre dann übertrieben. Wir würden am liebsten neutrale Begriffe verwenden. Aber die sind nur schwer zu finden. Darum haben wir uns letztendlich für die folgenden Bezeichnungen entschieden: der feste Partner, der untreue Partner und … der Dritte.

Die Arten der »Untreue«

Sexuelle Untreue (körperliche Untreue) bezieht sich auf einen sexuellen Kontakt mit einer dritten Person. Aber dann stellt sich die nächste Frage: Was ist ein sexueller Kontakt? Kann man schon davon sprechen, wenn Zärtlichkeiten ausgetauscht werden und wenn man sich küsst, oder nur bei direkten sexuellen Handlungen im eigentlichen Sinne des Wortes. Wann entwickelt sich eine Beziehung zu einer sexuellen? Bei der ersten Berührung? Beim genitalen Kontakt? Präsident Clinton behauptete vor aller Welt, dass er keine sexuelle Beziehung mit Monica Lewinsky hatte …

Bei *emotionaler Untreue* gehen die Meinungen noch stärker auseinander. Es ist noch viel schwieriger, emotionale Untreue genau abzugrenzen. Auch Forscher verwenden dafür ganz unterschiedliche Definitionen. Es handelt sich mehr um eine gefühlsmäßige Verbindung, man will gerne in der Nähe der anderen Person sein. Durch gemeinsame Gefühle entsteht eine emotionale Tiefe. Allmählich, in aller Stille, entwickelt sich eine intime Beziehung zu einer dritten Person. Man fühlt sich immer stärker mit dieser Person verbunden, teilt die innersten Gefühle miteinander. Auf diese Weise entsteht eine gefühlsmäßige Bindung.

Ein *One-Night-Stand*, ein Abenteuer für eine Nacht, ist eine nicht so intensive Form der Untreue. Unter bestimmten Bedingungen kann es leicht dazu kommen: im Urlaub, auf einem Fest, einem Kongress. Man hat etwas getrunken, fängt ein Gespräch an … beginnt sich zu küssen … Danach sieht man sich nie wieder. Es bleibt bei diesem einmaligen Kontakt.

Das Aufsuchen einer *Prostituierten* kann auch als Untreue angesehen werden. Hier handelt es sich in den meisten Fällen um einen anonymen sexuellen Kontakt, für den bezahlt wird. Häufig bleibt es bei einem einzelnen Kontakt. Der so genannte One-Night-Stand und das Aufsuchen einer Prostituierten werden in diesem Buch nicht im Einzelnen besprochen.

Und dann gibt es noch die *lang anhaltende Beziehung ohne Sex*, eine Freundschaft zwischen zwei Menschen, die sich zu einer Beziehung neben der bestehenden Zweierbeziehung entwickelt. Es kommt nicht zu sexuellen Handlungen, aber man empfindet zusammen viel Nähe (im Sinne gemeinsamer Gedanken und Gefühle). Auch spürt man eine tiefe Zuneigung füreinander. Das zeigt sich in anhaltender Sympathie, darin, dass man sich gegenseitig unterstützt, und in einer tiefen Freundschaft. Man weiß, dass man dem anderen vertrauen kann, mit ihm rechnen kann.

Cyber-Sex ist eine neuere Form der Untreue. Häufig bleibt es bei einem Austausch der sexuellen Gefühle und Wünsche über das Internet, wie zum Beispiel in Chat-Programmen oder Dating Sites. Viele Anhänger nehmen im Internet eine andere Identität an, mit einem eigenen Namen, einem anderen Alter, manchmal auch mit einem anderen Geschlecht. Auf diese Weise werden Fantasien mit einem anderen Partner ausgetauscht. Hin und wieder kommt es dann auch zu einer wirklichen Begegnung. Im Internet ist es auch möglich, sich auf die Distanz hinweg mithilfe einer Webcam zu sehen, und seit kurzem besteht sogar mithilfe bestimmter technischer Mittel die Möglichkeit, sich auf Abstand zu berühren oder zu stimulieren.

Eine *lang anhaltende sexuelle Beziehung mit gefühlsmäßiger Bindung*. Jahrelang ist man miteinander verbunden. Man sieht sich regelmäßig und verbringt viel Zeit miteinander. Wenn es sich ergibt, hat man sexuellen Kontakt miteinander. Es entwickelt sich neben der Zweierbeziehung eine parallele Beziehung. In manchen Fällen verbringt man sogar mehr Zeit mit dem neuen Partner als mit dem ursprünglichen Partner. So geht man zum Beispiel zusammen auf Reisen, geht gemeinsam Essen oder unternimmt andere Freizeitaktivitäten. Doch man lebt nicht unter einem Dach und wohnt nicht zusammen.

Verliebtheit außerhalb der Beziehung und Gefühle für eine dritte Person. Manche Menschen sehen dies als Untreue an. Sie sind geschockt und tief getroffen, dass sich der Partner in eine andere Person verliebt und dadurch nicht mehr in die eigene Person verliebt ist. Viele Zweierbeziehungen beginnen mit Verliebtheit. Es handelt sich nicht um eine bewusste Entscheidung oder um eine aktive Handlung, wenn man sich verliebt. Man kann es nicht steuern. Es passiert einfach. Man verliebt sich. Es bedeutet dann auch nicht, dass mit der festen Beziehung etwas nicht stimmt. Oder dass die jetzige Beziehung nichts mehr taugt. Natürlich ist es kein schönes Gefühl, zu bemerken, dass das Interesse des Partners in der eigenen Beziehung abnimmt und sich seine Aufmerksamkeit auf eine andere Person richtet.

Wir wollen anscheinend alle, dass wir für unsere Partner das Wichtigste im Leben sind. Wir wollen im Mittelpunkt stehen. Der Mensch begehrt nach dem Begehren des anderen, um es mit den Worten von Lacan auszudrücken. Kommt es dazu, dass man sich in eine dritte Person verliebt, schwindet die natürliche Verbundenheit mit dem festen Partner, die zuvor so selbstverständlich vorhanden war. Das ist ein wirklicher Verlust, der schmerzlich sein kann. Doch ist es nur ein zeitlich begrenzter Zustand, der sich (immer) wieder auflöst. Der Kern der Verliebtheit besteht darin, dass sie von selbst kommt und von selbst wieder geht. Darum trägt der Partner in diesem Sinne auch keine Verantwortung dafür.

Zeit verbringen mit anderen Personen. Bei einer Form der Untreue verbringt der Partner viel Zeit mit anderen Personen. Beim Hobby, im Sportverein, bei der Arbeit oder bei anderen Gelegenheiten. Der Partner setzt sich für alle Menschen voll ein; er repariert die Wasserleitungen bei den Nachbarn, während der eigene Wasserhahn zu Hause weiterhin leckt. Die Zeit mit anderen Menschen zu verbringen, bedeutet, etwas Wichtiges wegzugeben. Verbringt man mehr Freizeit mit anderen als mit dem festen Lebenspartner, kann dies auch als Untreue angesehen werden. Die Redewendung ist wortwörtlich gemeint: »Er ist mit seiner Arbeit verheiratet.« Das ist natürlich ein Traum für den Arbeitgeber, die Firma, das Krankenhaus oder die Schule, aber für den Lebenspartner kann es zum Problem werden. Für eine Zweierbeziehung braucht man nämlich ein Minimum an Zeit füreinander. In unserem Buch *Liebe – eine Zeitfrage* (Vansteenwegen 2002) wird dieser Aspekt ausgiebig besprochen. Verbringt man mehr Zeit mit einer (oder mehreren) anderen Person(en) als mit dem eigenen Lebenspartner, ist dies eine Art von Untreue.

Diskussion

Emotionale Untreue, indem man zu viel Zeit mit anderen verbringt?

Maureen: Wenn jemand zu viel Zeit in seine Arbeit, sein Hobby oder die Kinder investiert, ist das dann nicht auch eine Art von Untreue?

Fons: Viele Menschen arbeiten sehr hart und verbringen ihre Zeit damit, Geld zu verdienen, gerade für ihre Familie, für den Partner. Dann ist es keine Untreue.

Maureen: Es kann aber auch eine Flucht vor der Beziehung sein. Man bleibt zum Beispiel länger im Büro, um sich nicht das Gejammer des Partners anhören zu müssen. Das ist dann wohl Untreue.

Fons: Ja, wenn es darum geht, sich der Beziehung zu entziehen oder einer Konfrontation aus dem Wege zu gehen, hast du Recht. Dann ist es eine Art von Untreue.

Maureen: Wenn der Partner nach Absprache mit dem anderen Partner länger arbeitet, ist das natürlich eine ganz andere Situation. Doch wenn der andere Partner seine Zustimmung dazu nicht erteilt, dann ist es wieder Untreue.

Fons: Der Partner, der untreu ist, weil er so viel arbeitet oder sich nur den Kindern widmet, weiß das oft gar nicht!

Maureen: Die meisten Menschen sprechen auch nur von Untreue, wenn Sex im Spiel ist.

Fons: Trotzdem ist der Partner, der nach seiner Arbeit seine freie Zeit ständig im Tennisclub oder mit seinen Tauben verbringt, in gewisser Hinsicht seinem Partner untreu.

Maureen: Gibt es noch einen Unterschied bezogen auf das Ausmaß der Untreue, ob man eine Beziehung mit einer anderen Person eingeht oder ob man die meiste Zeit mit der Arbeit, dem Hobby oder den Kindern verbringt?

Anderen Aufmerksamkeiten schenken. Was wir hier in Bezug auf die gemeinsam verbrachte Zeit mit einer anderen Person beschrieben haben, gilt ebenso im Hinblick auf Aufmerksamkeit: einer dritten Person Aufmerksamkeit zu schenken und nicht dem eigenen Partner. Lebt man mit einem festen Partner zusammen, besteht der natürliche Wunsch, den Partner hin und wieder ganz für sich allein zu haben, alle Aufmerksamkeit von ihm zu bekommen. Richtet sich die Aufmerksamkeit zu stark auf andere Menschen, kann dies zu einem Problem werden. An der Aufmerksamkeit, die ein Partner dem anderen schenkt, kann man erkennen, welchen Stellenwert die Beziehung für ihn hat. Wer behauptet, der feste Partner sei für ihn das Wichtigste im Leben, müsste ihm demzufolge auch die ungeteilte Aufmerksamkeit schenken.

Swingen. Manche Paare haben eine sexuelle Beziehung zu einem anderen Paar. Andere sind Mitglied bei einem »Schlüsselverein«, bei dem die

Haustürschlüssel aller Teilnehmer nach dem Zufallsprinzip verteilt werden und so entschieden wird, wer mit wem ins Bett geht. Auch gibt es Pärchen- oder Swingerclubs. Eine andere Möglichkeit ist der Partnertausch mit einem anderen Paar unter Zustimmung aller vier Beteiligten. In allen Fällen handelt es sich um außereheliche sexuelle Beziehungen. Da aber in Übereinstimmung miteinander und nach Absprache mit dem anderen Partner gehandelt wird, verstößt man im eigentlichen Sinne nicht gegen die Vereinbarungen innerhalb der Beziehung, die zwischen den beiden Partnern abgeschlossen wurden. Deswegen handelt es sich nicht um Betrug oder Untreue. Unsere Erfahrung mit Paaren, die diese Art sexueller Kontakte haben, zeigt uns jedoch, dass der Wunsch, den Partnertausch tatsächlich auszuleben, bei den Partnern unterschiedlich stark ausgeprägt ist. Während der eine Partner wirklich dazu bereit ist, zögert der andere Partner oder macht zwar mit, hält sich aber eher zurück.

Levine (1998) unterscheidet vier Arten von *sexuellen Beziehungen außerhalb der Zweierbeziehung*:

Ein Verhältnis oder eine Affäre

Ein Verhältnis deutet darauf hin, dass eine persönliche Beziehung zwischen zwei heimlichen Geliebten entsteht. Das Verhältnis beginnt in den meisten Fällen mit gefühlsmäßiger und körperlicher Intimität und entwickelt sich dann zu einem sexuellen Kontakt. Der sexuelle Aspekt stärkt nicht nur die Beziehung zwischen den Geliebten, sondern es werden auch Erwartungen geweckt, was die zukünftige Entwicklung der Beziehung angeht: tiefer gehende Gespräche, mehr Zeit füreinander und weitere sexuelle Interaktionen. Ein Verhältnis ist gekennzeichnet durch eine gewisse Intimität auf der psychologischen Ebene, die im Zusammenspiel mit der sexuellen Intimität eine gewisse Verbundenheit zum Ausdruck bringt. Geht das Verhältnis zu Ende, ist das häufig schmerzlich für die Beteiligten.

Einfach nur Sex

Viele heimliche Beziehungen entwickeln sich schnell zu einer sexuellen, ohne dass sich außerhalb des sexuellen Aktes eine gefühlsmäßige oder soziale Verbundenheit entwickelt. Beispiele dafür sind Besuche bei Prostituierten oder One-Night-Stands mit Menschen, die man im Café, auf einem Fest, im Urlaub oder anderswo trifft. Da es bei diesen Kontakten in den meisten Fällen auch nicht zu einer psychologischen Tiefe und einem wirklichen Kennenlernen des sexuellen Partners kommt, kann nicht von einer tiefen Verbundenheit gesprochen werden. Der Abschied ist weniger schmerzvoll.

»Making-do Sex«

So nennt Levine die folgende Kategorie einer außerehelichen sexuellen Beziehung. An anderen Stellen spricht er von »zufälligem Sex«. Hier handelt es sich um eine Zwischenstufe zwischen einem Verhältnis und »Just Sex«. Man hat etwas miteinander, aber Enttäuschungen über den neuen Partner auf verschiedensten Ebenen und ambivalente Gefühle sind für diese Form typisch. Eigentlich bekommt man nicht das, was man sich wünscht. Nach einiger Zeit gestehen sich beide Parteien ein, dass ihre Zukunft als Paar nur begrenzt ist. Sie erkennen, dass sie sich nur in diese Beziehung gestürzt haben, weil es ihnen an Herausforderungen im eigenen Leben fehlt oder weil sie nur begrenzte persönliche Möglichkeiten haben. Der Schmerz bei einer Trennung äußert sich vor allem in Scham- und Schuldgefühlen, die sich im Laufe der Zeit oft in Erleichterung verwandeln.

Fantasiesex

Bis vor kurzem dominierte diese Kategorie beinahe ausschließlich in der Männerwelt. Wissenschaftler brachten diese Art des außerehelichen sexuellen Handelns meistens in Verbindung damit, dass der Partner gemieden wurde und eine starke Abhängigkeit vom eigenen Masturbationsverhalten bestand. Sexuell eindeutige Fotos, Abbildungen, Videos und Striptease-shows haben von jeher die männlichen erotischen Fantasien beeinflusst. Heutzutage kann man beobachten, dass sowohl Männer als auch Frauen über Telefon und Internet den Fantasiesex mit Fremden entdecken. Levine nennt diesen Austausch über den sexuellen Kontakt »Quasifantasie, quasiaußerehelicher Sex«. Viele Menschen gewöhnen sich wirklich sehr an diese Art sexuellen Verhaltens und finden es unglaublich schwer, damit aufzuhören. Der ständige Zwang, diese Form des Kontakts zu suchen, das enorme Angebot und auf der anderen Seite etliche gescheiterte Versuche, das Verhalten zu stoppen, beschreiben viele wie die Symptome einer Abhängigkeit oder Sucht.

Eifersucht und Neid

In diesem Zusammenhang müssen wir uns auch damit beschäftigen wie der Partner möglicherweise auf das Fremdgehen reagiert. Wir müssen uns mit dem Gefühl auseinander setzen, das damit einhergeht – der Eifersucht. Was ist Eifersucht genau? Viele Menschen vermischen die beiden Begriffe Eifersucht und Neid. Es ist wichtig, zu wissen, worin der Unterschied zwischen Neid und Eifersucht besteht. Wir wollen darum kurz darauf eingehen, worum es bei Eifersucht geht, und danach den Unterschied zwischen Neid und Eifersucht herausarbeiten.

Cano und O'Leary (1997) definieren Eifersucht als »ein Gefühl, das verbunden ist mit der Drohung des Verlustes oder dem wirklichen Verlust eines geschätzten Partners oder einer Beziehung an einen Rivalen«. Eifersucht wird als eine Mischung verschiedener Gefühle beschrieben. So kommt es zu Wut gegenüber dem Rivalen, zur Trauer über den (drohenden) Verlust des Partners und zur Angst, was in Zukunft passieren wird. Auch eine ältere Definition von Davis (1948) ist in diesem Zusammenhang von Interesse: »Eine Angst- und Wutreaktion, die sich darauf richtet, eine Liebesbeziehung zu beschützen, sie zu erhalten und zu festigen.« Eifersucht ist mehr als nur eine Ansammlung von Gefühlen; sie führt auch zu bestimmten Handlungen.

Eifersucht entsteht durch einen drohenden Verlust. Stellen wir uns vor, dass Alfred und Betty eine Beziehung miteinander haben und zusammen wohnen. Betty beginnt ein Verhältnis mit Carl. Die Eifersucht entwickelt sich, als sich Alfred bedroht fühlt, etwas zu verlieren, oder tatsächlich etwas verliert. Etwas, was es zwischen den beiden in der Beziehung mit Betty gab und was sich jetzt in die Beziehung zwischen Betty und Carl verlagert. Alfred wird wütend bei dem Gedanken, dass sich die liebevolle Aufmerksamkeit, die er von Betty bekam, jetzt auf Carl richtet. Alfred findet es schrecklich, dass er von Betty vielleicht keine Aufmerksamkeit bekommt. Durch die Eifersucht erhält Alfred eigentlich ein Warnsignal, dass seine

Beziehung zu Betty gefährdet ist. In dem Sinne ist Eifersucht ein positives Gefühl. Es ist Zeit für eine gesunde Reaktion (eine Art Verteidigung seines Besitzes); dadurch verhindert Alfred selbstbewusst, dass ihm etwas weggenommen wird. So kann Alfred Betty zum Beispiel bitten, dass sie mehr Zeit miteinander verbringen und den Kontakt miteinander vertiefen. So kann es kommen, dass Betty Carl stehen lässt und sich wieder stärker Alfred zuwendet. Alfred behält auf diese Weise, was ihm gehört, und verhindert feindliche Gefühle gegenüber Betty. Wenn Alfred seine Eifersucht als ein Zeichen sieht, kann er etwas unternehmen, um Bettys Aufmerksamkeit wieder zurückzugewinnen. Wenn ihm das gelingt, entwickelt er keine Wut auf Betty. Man kann also daraus schließen, dass durch Eifersucht Mechanismen gefördert werden, durch die die Beziehung verteidigt wird (Bakker a. Bakker-Rabdau 1973). Wenn es gut läuft, behält man, was man vorher hatte.

Eifersucht ist etwas Negatives, wenn es in Wirklichkeit keinen Anlass gibt, den Partner zu verlieren, aber man trotzdem große Angst hat. Durch Erfahrungen in der Kindheit kann jemand zum Beispiel einfach nicht glauben, dass der Partner ihn wirklich liebt und schätzt. Dann handelt es sich um einen Mangel an Selbstvertrauen und Selbstwertgefühl. Wer als Kind nicht genügend Liebe und Aufmerksamkeit bekommen hat, kann auch später immer wieder das Gefühl haben, dass er von niemandem wirklich geliebt wird. In einer Zweierbeziehung führt dies zu einem übertriebenen Misstrauen, zur Kontrolle des Partners und im Extremfall zum Eifersuchtswahn.

Neid ist in unserem Beispiel das Gefühl, das Alfred gegenüber Carl wegen der Aufmerksamkeit hat, die Carl von Betty bekommt. Alfred ist neidisch auf Carl, da Carl liebevolle Zuneigung von Betty bekommt, die Alfred eigentlich haben möchte. Neid ermutigt eigentlich zu Handlungen, damit man etwas bekommt, was man nicht hat (diesen Mechanismus haben wir in unserem Buch *Liebe, ein Tätigkeitswort* beschrieben, Vansteenweegen 2002). Alfred vereinbart zum Beispiel mit Betty, zweimal im Jahr ein Wochenende zusammen wegzufahren, damit er mehr Aufmerksamkeit von ihr bekommt. Neid kann sich aber auch negativ entwickeln, wenn man es nicht ertragen kann, dass der Partner die Aufmerksamkeit von einer anderen Person bekommt, und man selbst eigentlich diese Aufmerksamkeit verlangt. Vielleicht will man auch selbst eine Beziehung mit einer dritten Person!

In gewisser Hinsicht ist man also eifersüchtig auf den Partner und neidisch auf die dritte Person. Man will den Partner behalten und das erhalten, was der Partner bekommt: Aufmerksamkeit, Zeit und Sex. Oder man will das haben, was der Partner hat: eine Person, die einem vertraut und mit der man eine Beziehung aufbauen kann.

Gibt es in Bezug auf die Eifersucht Unterschiede zwischen Männern und Frauen? Ja, ganz sicher. Männer sind eher eifersüchtig, wenn die Gefahr besteht, dass ihre Frau einen sexuellen Kontakt mit einer anderen Person haben könnte. Frauen empfinden dagegen Eifersucht, wenn ihr Mann mit einer anderen Person emotionale Tiefe und Verbundenheit zeigt. Und sie sind neidisch auf das, was die dritte Person von ihrem Mann bekommt.

Untreue und Betrug

Diskussion

Unterschied zwischen Untreue und Betrug

Maureen: Untreue ist nicht dasselbe wie Betrug. Man kann nur von Betrug sprechen, wenn der eine Partner Dinge tut, von denen der andere Partner nichts weiß.

Fons: Hier gibt es verschiedene Arten: Man kann dem Partner nichts sagen, man kann bewusst lügen oder seine Taten abstreiten.

Maureen: Der Partner kommt sich dann eigentlich völlig an die Wand genagelt, lächerlich und nicht ernst genommen vor. Das ist ausgesprochen unangenehm.

Fons: Ich habe mit vielen Partnern geredet, die sagen, dass der Betrug eigentlich schlimmer ist als das Fremdgehen selbst. Der eine vermutet etwas und fragt etliche Male nach: »Ist da irgendwas? Hast du eine Beziehung mit jemand anders?« Der andere streitet es mehrmals ganz direkt und zweifelsfrei ab. Und plötzlich kommt der eine doch dahinter und entdeckt, dass alles nur Lüge war! Das ist dann Betrug.

Maureen: Nicht jede Untreue ist Betrug.

Fons: Stimmt. Wenn jemand deutlich sagt »Ich habe einen Partner, und ich lasse ihn nicht im Stich«, dann ist es kein Betrug.

Maureen: Dann handelt es sich zwar um Untreue, aber nicht um Betrug.

2. Tatsachen

Viele möchten gerne wissen, wie viele Menschen nun eigentlich fremdgehen. Wie sieht es mit den Statistiken über außereheliche Beziehungen aus? Gehen andere auch fremd? Sind Männer eher untreu als Frauen? Wie sieht es in der Bevölkerung im Schnitt aus? Gibt es eindeutige Zahlen, oder handelt es sich nur um Spekulationen? Kann man solche Fragen überhaupt untersuchen und erforschen? Und wenn ja, auf welche Weise?

Untersuchungen zur Untreue

Es gibt zwei Methoden, die verwendet werden, um wissenschaftlich der Frage nachzugehen, wie verbreitet Untreue ist.

Die erste Methode besteht darin, dass man eine Meinungsumfrage in der Bevölkerung durchführt. Zu diesem Zweck können Fragebögen verschickt, telefonische Befragungen gemacht oder persönliche und tiefer gehende Interviews mit Menschen geführt werden. Spontan denken Sie wahrscheinlich, dass die Befragten doch nie die Wahrheit sagen, wenn es sich um so ein heikles Thema wie das Fremdgehen handelt. Doch gibt es in der Psychologie inzwischen Möglichkeiten, positive oder negative Übertreibungen herauszufinden und in einem gewissen Grade auszugleichen.

Die zweite Methode besteht darin, einer ausgewählten Gruppe von Personen, das sind meist Studenten, bestimmte Situationen vorzugeben, in die sie sich hineinversetzen können und die sie anschließend beurteilen sollen. Zwei Studien wurden an einer Gruppe Paartherapeuten durchgeführt. Sie mussten sich an eine Situation erinnern, in der eine Affäre in ihrem Leben eine Rolle spielte, und sollten einige Aussagen darüber machen.

Umfrage

Der Biologe Kinsey ist einer der bekanntesten Sexualforscher der Welt. Er untersuchte das sexuelle Verhalten von Menschen. Bei einer großen Studie im Jahre 1948 entdeckte er, dass 50 % der amerikanischen Männer außereheliche sexuelle Kontakte gehabt haben. 1953 gaben 26 % der amerikanischen Frauen an, außerehelichen sexuellen Kontakt gehabt zu haben. Ein anderer Forscher, Hunt, kam 1974 bei einer repräsentativen Gruppe der amerikanischen Bevölkerung auf 41 % der Männer und 18 % der Frauen.

Bei einer telefonischen Umfrage von Choi und Kollegen im Jahre 1994 bei Personen im Alter zwischen 18 und 75 Jahren gaben doppelt so viele Männer (2,9 %) wie Frauen (1,5 %) an, in den letzten zwölf Monaten eine Beziehung zu einer dritten Person gehabt zu haben.

Nach einer Umfrage von Cano und O'Leary (1997) gehen 15 bis 25 % der amerikanischen Bevölkerung fremd. Nach Levine (1998) weisen zuverlässige Umfragen darauf hin, dass zwischen 22,7 und 24,5 % der Männer und zwischen 11,6 und 15 % der Frauen zu irgendeinem Zeitpunkt in ihrer Ehe sexuellen Verkehr mit einer anderen Person als dem eigenen Partner hatten.

Bei den meisten Umfragen geben mehr Männer als Frauen an, dass es beim Fremdgehen um körperliche Aspekte der Untreue ging (küssen, Zärtlichkeiten austauschen, Petting, Geschlechtsverkehr), während mehr Frauen als Männer darüber berichten, Zeit mit der anderen Person verbracht und eine gefühlsmäßige Verbundenheit erlebt zu haben.

Eine der besten Umfragen in Amerika wurde von Michael, Cagnon, Laumann und Kolata (1994) durchgeführt. Sie ergab, dass »Menschen, wenn sie erst einmal verheiratet sind, überwiegend einen Partner haben und nicht mehr, und dass diejenigen, die mit einem Partner zusammenwohnen, aber nicht verheiratet sind, im Allgemeinen ebenso treu sind« (Michael et al., S. 126). Von den Verheirateten hatten 94 % im letzten Jahr nicht mehr als einen Sexualpartner. Mehr als 80 % der Frauen und zwischen 65 und 85 % der Männer aller Altersstufen geben an, während der Ehe keinen anderen Partner als den Ehepartner gehabt zu haben. Sind sie erst einmal verheiratet, hat die Mehrzahl keinen anderen sexuellen Partner.

Kommen wir zu europäischen Forschungsergebnissen. Nach einer niederländischen Umfrage (Kooy et al. 1983) hatten zwischen 75,5 und 77,8 % der Männer und 85 bis 88,4 % der Frauen während der Ehe keinen Geschlechtsverkehr mit einer anderen Person. Die Zahlen zum Fremdgehen bei Männern bleiben in allen Altersstufen bis zum 60. Lebensjahr gleich, während bei Frauen eine Steigerung zwischen dem 30. und dem 60. Lebensjahr zu erkennen ist. Im Hinblick auf das vorige Jahr geben 96 % der Befragten an, keinen außerehelichen sexuellen Kontakt gehabt zu haben.

Eine andere Studie in den Niederlanden zeigt, dass 4,9 % der Männer im letzten halben Jahr vor der Befragung Sex außerhalb der festen Beziehung hatten. Bei homosexuellen Männern sind es 22,5 % (Sandfort De Vroome 1996).

Eine andere Quelle (Slob et al. 1998, S. 36) weist nach, dass es sich »bei 6,4 % aller festen heterosexuellen Beziehungen im vorigen Jahr nicht um monogame Beziehungen handelt; das heißt, dass es hier auch sexuelle Kontakte zu anderen gab«.

Eine neuere Studie (Dijkstra 2001) besagt, dass in den Niederlanden und Belgien 5 % der Bevölkerung im Jahr 2000 fremdgegangen ist.

Diese Zahlen führen automatisch zu einem Problem, das bei Soziologen wohl bekannt ist: Unterstellen wir einmal, dass die Aussagen der Umfragen stimmen und dass Männer ungefähr zweimal so oft Beziehungen außerhalb der festen Partnerschaft oder Ehe haben wie Frauen. Wie ist das möglich? Vor allem wenn man bedenkt, dass die befragten Männer nach eigener Aussage beinahe alle ein Verhältnis mit einer anderen Frau haben und nicht mit einem Mann.

In neueren Forschungen nehmen die Unterschiede zwischen Männern und Frauen immer mehr ab.

Viele Untersuchungen zu diesem Thema wurden nicht sorgfältig durchgeführt. Ist die Stichprobe nicht repräsentativ für die allgemeine Bevölkerung, so können die Zahlen eigentlich nicht auf die Allgemeinheit übertragen werden. Selten ist eine zufällige Stichprobe wirklich repräsentativ für die gesamte Bevölkerung.

Umfragen unter Studenten und Therapeuten
Studien unter Studenten

Umfragen unter Studenten (Sheppard, Nelson a. Andreoli-Mathi 1995) verweisen darauf, dass sie Untreue umso mehr verurteilen, je wichtiger eine feste Beziehung für sie war. Ebenso nimmt die negative Einstellung zu, wenn die in Gedanken vorgestellte sexuelle Intimität intensiver wird. Je mehr sexueller Kontakt in der Affäre vorhanden war, desto negativer wurde die Affäre beurteilt. Die Ergebnisse der Studentenumfrage zeigen auch

Folgendes: Man empfindet es als schlimmer, wenn eine andere Person oder der eigene Partner fremdgeht, als wenn man selbst eine Affäre hat. Hier zeigt sich deutlich eine Doppelmoral: Die Wertmaßstäbe, die man an andere anlegt, gelten nicht im gleichen Grade für die eigene Person. Auch geben 44 % der befragten Studenten an, dass sie ihre Beziehung beenden würden, wenn der Partner untreu ist.

Studien unter Therapeuten

Umfragen unter Therapeuten (Charny a. Parnass 1995) weisen auf die negativen Folgen von Beziehungen zu Dritten hin, selbst wenn es sich um Beziehungen zu dritten Personen im Bekanntenkreis handelt und nicht nur um außereheliche Beziehungen. In 85 % der Fälle stellen Therapeuten fest, dass eine außereheliche Beziehung schädlich war. Bei einem Drittel kam es zur Scheidung und bei einem weiteren Drittel zu extremen Spannungen und zu Stress. Beim letzten Drittel überlebte zwar bisher die Beziehung, aber sie war nach der Affäre »leer, ohne Bedeutung« und hatte eine ungewisse Zukunft. Der Schaden war besonders groß bei Paaren, die mehrere Male mit einer Außenbeziehung zu tun hatten.

Aus den Aussagen der Therapeuten geht deutlich hervor, dass vor allem der betrogene Partner darunter leidet. Das Selbstbild leidet in besonderem Maße darunter. Zwei Drittel der Männer und Frauen haben ihr Selbstvertrauen verloren. Viele fühlen sich allein und verlassen, erfahren keine Nähe mehr und betrachten die Treue als gebrochen.

Die Therapeuten berichten außerdem, die meisten Betroffenen hätten eine bestimmte Vermutung gehabt, dass ihr Partner eine weitere Beziehung hatte. Trotzdem unternahmen sie keine aktiven oder bewussten Schritte dagegen. Die gleiche Erfahrung haben wir auch bei unseren Klienten gemacht. Wir sind ambivalent, wenn es um eine Affäre des Partners geht. Wir wollen den Partner nicht verlieren. Gleichzeitig sagen wir, dass wir gegen die Affäre sind, dass wir es absolut nicht tolerieren. Doch nur wenige handeln auch danach. Am Ende bleiben wir doch bei unserem Partner und verlassen ihn nicht. Streng genommen akzeptieren wir, dass der Partner fremd geht. Aber wir können ja nicht anders.

Die Therapeutenumfrage gibt ein klares Bild: Affären führen häufig zur Scheidung oder zur Trennung der Beziehung. Oder aber es schleichen sich negative Gefühle, Unsicherheiten und Uneinigkeiten in die weiterhin bestehende feste Beziehung ein, und dies hat entsprechende Folgen. Kurz gesagt: Eine Affäre ist schädlich für eine Beziehung.

Alle Umfragen haben ihre Grenzen

In den meisten Umfragen geht man von den Aussagen aus, die die Befragten machen. Ob es sich dann tatsächlich um Tatsachen handelt, ist fraglich. Die Geschichten können übertrieben, untertrieben oder tendenziös sein. Manche Menschen wollen mit den Geschichten möglicherweise ihr Verhalten rechtfertigen, andere wollen zeigen, wie heftig die Konsequenzen sind. Alle Studien, bei denen Therapeuten befragt wurden, sind nicht auf die Allgemeinheit übertragbar. Es handelt sich um eine spezielle Gruppe. Therapeuten sehen die Menschen nämlich nur, wenn es ihnen schlecht geht. Ein Paar, das konstruktiv und gut mit einer außerehelichen Beziehung umgehen kann, wird deswegen keinen Therapeuten aufsuchen. Es gibt jedoch auch Studien mit Therapeuten, bei denen es ausdrücklich um Erfahrungen im eigenen Bekanntenkreis und nicht um Klienten geht. Das ist dann wieder eine andere Sache.

Die überwiegende Anzahl der Umfragen beruht auf Befragungen an verheirateten Paaren. Über zusammen lebende Paare gibt es nur spärliche Berichte. In den meisten Fällen wurden nur die Frauen befragt, nicht die Männer. Außerdem stammen die meisten Befragungen aus Amerika, und in der amerikanischen Gesellschaft ist eine konservativere Einstellung gegenüber der Ehe vorherrschend.

Ein letzter Punkt ist, dass die Befragungen so durchgeführt werden, dass man etwas messen kann. Aber auch darin liegt eine Begrenzung.

Aufgrund von Forschungsergebnissen kann man eine Aussage darüber machen, wie bestimmte Verhältnisse sind, aber nie darüber, wie Verhältnisse sein könnten oder müssten. Wenn man also an den Durchschnittswerten zum Verhalten interessiert ist, kann man daraus nicht auf seine eigene Beziehung schließen. Es sagt nichts darüber aus, ob man »normal« ist, normal handelt oder ob die Beziehung gesund ist.

Die Studien können wohl verdeutlichen, wie Paare mit dem Problem »Beziehung zu Dritten« umgehen. An den Forschungsergebnissen lässt sich auch absehen, dass Menschen trotz aller negativen Erfahrungen in der

Lage sind, diese Probleme gut zu verarbeiten. Leider sind uns keine Studien über die Verarbeitung der Folgen einer Beziehung zu Dritten bekannt. Hier lässt sich noch ein weites Feld erforschen: über die verschiedenen Lebensformen, verheiratet oder zusammen lebend, über die Unterschiede zwischen Männern und Frauen, darüber, welche Rolle das Selbstvertrauen spielt. Auch über die Beziehung zu Dritten bei Paaren im Alter liegen bisher nur wenig Forschungsergebnisse vor.

Andere wissenswerte Aspekte aus Studien über Untreue

Gleichwertigkeit und Untreue

Bestimmte Studien verweisen darauf, dass ein Gefühl der Ungleichwertigkeit in der eigenen Beziehung für Frauen eine Motivation sein kann, eine Beziehung außerhalb der Partnerschaft zu beginnen. Dies gilt sowohl für Frauen, deren Selbstwertgefühl geringer ist als das ihres Partners, als auch für Frauen, die ein höheres Selbstwertgefühl haben (Prins, Buunk a. Van Yperen 1993). Auch Hatfiel et al. (1985) sehen im Beginnen einer Affäre den Versuch, die Gleichwertigkeit in der Beziehung wiederherzustellen. In gleichwertigen Beziehungen ist die Gefahr, dass einer der Partner fremdgeht, am geringsten.

Gründe für die Untreue

Drigotas, Safstrom und Gentilia (1999) teilen die vorhandene Forschungsliteratur, was die Gründe für Untreue angeht, in fünf Gruppen von Untersuchungen ein:

1) Studien, die im Zusammenhang mit sexuellen Problemen durchgeführt wurden, richten sich vor allem auf das Verlangen nach sexuellen Varianten und die Unvereinbarkeit dieser Wünsche mit dem Partner als häufig genannte Gründe für Untreue.
2) Forschungen, bei denen es um emotionale Erfüllung geht, erwähnen vor allem: ein neuer Ausgangspunkt für emotionale Befriedigung, die Aufrechterhaltung des Egos (um das Selbstvertrauen zu stärken oder wieder ein positives Selbstbild zu schaffen) und mangelnde Zufriedenheit in der Ehe.

3) Soziale, kontextabhängige Faktoren spielen eine Rolle, was die Gelegenheiten angeht, die sich bieten, aber auch im Hinblick auf die Nähe einer anderen Person und die zeitweise physische Trennung vom festen Partner.

4) Studien über Untreue verweisen darauf, dass Personen mit einer offeneren sexuellen Einstellung eher zum Fremdgehen neigen. Außerdem gibt es einen Zusammenhang zwischen der Meinung einer Person über das Denken und Handeln anderer und dem eigenen Verhalten.

5) Als letzten Punkt sollte man noch Untreue als Reaktion auf die Untreue des Partners als einer Form der Rache erwähnen. Auch Wut und Eifersucht spielen hier eine Rolle.

Nachteile der Untreue

In der Studie von Charny und Parnass (1995) werden die folgenden Nachteile für den festen Partner genannt: Das Selbstbild und Selbstvertrauen sind einem Schock ausgesetzt und werden geschwächt. Zweifel im Hinblick auf die eigene Sexualität spielen in 51 bis 61 % der Fälle eine Rolle. Es kommt zu Gefühlen des Verlassenseins. Die Verbundenheit und das Vertrauen zum Partner gehen verloren (bei 21 % der Fälle), Wut und Rechtfertigung bis zum Wunsch nach Scheidung werden in 11 bis 16 % der Fälle angegeben.

Meinungen über Untreue

Eine Studie zeigt, dass Partner bei sich selbst davon ausgehen, bestimmte Situationen besser meistern und kontrollieren zu können, ohne die Beziehung zu gefährden. Dagegen glaubt man, dass der Partner beim selben Verhalten die Beziehung wohl gefährden würde (Allgeier a. Allgeier 2000).

Männer gegenüber Frauen

Sheppard, Nelson und Andreoli-Mathi (1995) merken an, dass es bei den Männern zu einem höheren Prozentsatz um den körperlichen Aspekt der Untreue geht. Dagegen berichtet ein höherer Prozentsatz der Frauen, mehr Zeit mit dem neuen Partner verbracht zu haben und ihm gefühlsmäßig stärker verbunden zu sein.

Das Verlangen nach einer Affäre ist bei Männern größer als bei Frauen (Prins, Buunk a. van Yperen 1993), jedoch scheint sexuelle Unzufriedenheit kein Motiv für eine Beziehung zu einer dritten Person zu sein.

Eifersucht

Personen mit einem geringeren Selbstwertgefühl sind eifersüchtiger (Cano a. O'Leary 1997). Doch glaubt man den Studien, so kommt Eifersucht bei allen Menschen hin und wieder vor. Männer reagieren auf ihre Eifersucht, indem sie die Gefühle leugnen oder vermeiden. Frauen hingegen bringen ihre Eifersucht eher zum Ausdruck. Darauf geht möglicherweise die verbreitete Meinung zurück, Frauen seien häufiger und in stärkerem Maße eifersüchtig als Männer (Mullen a. Martin 1994). Frauen berichten, dass sie in der Zeit vor der Menstruation häufiger eifersüchtig sind (79 %). Männer haben vor allem Angst, den Partner zu verlieren, während sich Frauen Sorgen über die Auswirkungen der Untreue darauf machen, wie gut die Beziehung danach noch ist. Sind Menschen mit ihrer Beziehung und der Art des Zusammenlebens zufrieden, neigen sie weniger zu eifersüchtigem Argwohn.

Aggression und Untreue

Wissenschaftliche Untersuchungen deuten auf einen Zusammenhang von Aggressionen, Mordversuchen aus Eifersucht und Mord in Untreuesituationen hin. Die Eifersucht des Mannes ist ein häufiges Motiv für den Partnermord (Allgeier a. Allgeier 2000). Die häufigste Ursache von Gewalt gegen und Mord an Frauen ist Untreue (Drigotas, Safstrom a. Gentilia 1999).

Studien, bei denen sich Studenten bestimmte Situationen vorstellen mussten, verweisen darauf, dass sich die Wut vorrangig auf den Partner richtet, dann erst auf den Rivalen und zuletzt auf die eigene Person. Das Ausmaß der Wut hängt damit zusammen, wie intensiv die Liebe und wie stark das Engagement in der Beziehung ist (Mathes a. Verstraete 1993).

Ehescheidung und Untreue

Jeder weiß, dass, wenn die Scheidung beantragt wird, Untreue der Grund ist, der am häufigsten genannt wird (Drigotas et al. 1999; Riehl-Emde 1998).

Aber nur 15 % der Partner, die ihren Ehegatten wegen einer dritten Person verlassen, leben anschließend mit diesem neuen Partner zusammen oder heiraten ihn (Hetherington 1998)!

Ein Entscheidungsmodell

Aus der Studie von Meyering und Epling-McWerter (1986) stammt das folgende Diagramm.

An dieser Stelle wollen wir das Kapitel zu den wichtigsten Aspekten der empirischen Forschung zum Thema Untreue abschließen.

Im nächsten Kapitel beschreiben wir die verschiedenen Motive, die zu Untreue führen können und die wir bei unseren Klienten bemerkt haben.

Vorangehende Bedingungen

Eine positive Einstellung gegenüber Fremdgehen
Die Gelegenheit haben (Kontakt und gegenseitige Anziehung)

Dann wird die Situation analysiert

Chancen/Gewinn

- Motivation aus einem Defizit heraus: Ausgleichen eines Defizits
- Feindseligkeit: eine Chance zum Ausgleich
- Abwechslung: die Möglichkeit, etwas anderes zu erleben
- Bereicherung: die Möglichkeit, mehr von etwas Angenehmenm zu bekommen

Risiken

- Möglichkeit, vom neuen Partner abgewiesen zu werden, dadurch Verlust des Selbstwertgefühls
- Risiko, dass die feste Beziehung zerbricht
- Komplizierte Nebenwirkungen, wie z. B. Geschlechtskrankheiten, ungewollte Schwangerschaft
- Emotionales Trauma durch Schuldgefühle oder andere negative Gefühle

Man wägt die zusätzlichen Faktoren gegeneinander ab

Persönliche Bedeutungen
Interaktionsvariablen
Praktische Überlegungen

Man kommt zu einer Entscheidung

Bewusste oder unbewusste Gewinn-Verlust-Analyse

Dies führt zu einem bestimmten Verhalten

3. Warum gehen Menschen fremd?

Annie ist verliebt, und Rob ist panisch

Am 3. Mai entdeckt Rob eine E-Mail auf dem Computer von Annie, seiner Frau, aus der deutlich wird, dass sie in einen anderen Mann verliebt ist. Annie sagt, sie habe keine Affäre; aber der Mann ist ein Kollege, der großes Interesse an ihr zeigt. Sie gibt zu, dass auch sie dazu beigetragen hat, dass er Interesse an ihr bekundet. Sie hat schon vier Verabredungen mit dem Mann gehabt und ist einige Male mit ihm zum Essen ausgegangen. Aber sie hat stets eine gewisse Distanz gewahrt. Sie will ihre Ehe nicht aufs Spiel setzen. Annie erzählt, dass sie immer schon den Wunsch hatte, so etwas zu erleben. Mit 18 Jahren hat sie Rob kennen gelernt, seitdem eine feste Beziehung geführt und ein normales Leben gehabt. Ihre Beziehung entwickelte sich allmählich, sie waren gute Freunde. Es war bisher eine ganz normale Beziehung, ohne große Abenteuer. Beide fühlten sich in Gegenwart des anderen wohl. Alles lief gut. Für beide war es die erste Beziehung, sie hatten keine früheren Partner gehabt. Er heiratete sie, da er glücklich mit ihr war. Sie heiratete ihn, ohne groß darüber nachzudenken. Es war einfach der nächste Schritt. Inzwischen haben sie zwei Töchter und einen großen gemeinsamen Freundeskreis. Alles verlief optimal: ein Haus, Kinder, eine Arbeitsstelle.

Seit Annie den Freund hat, veränderte sich ihr Sexualleben sehr. Früher war sie eher zurückhaltend und konservativ. Seit der Beziehung jedoch sagt sie deutlicher, was sie will, und ist ohne Scheu. Ihrer Meinung nach ist das selbstverständlich. Sie schwebt auf Wolken, und das strahlt sie auch aus. Sie will die Verliebtheit genießen, ohne ihre Ehe zu riskieren.

Eine Beziehung zu einer dritten Person hat immer eine ganz besondere Bedeutung für die betroffenen Partner. Das kann als Ausgangspunkt angenommen werden (Levine 1998).

Wir geben hier eine Übersicht über die verschiedenen möglichen Bedeutungen von Beziehungen zu Dritten. Dabei ließen wir uns von der Fachliteratur und den Erfahrungen unserer Klienten und Klientinnen inspirieren.

Bedeutungen, die mit der eigenen festen Beziehung im Zusammenhang stehen

Manche Menschen gehen fremd wegen eines *Mangels*, eines Mangels an Aufmerksamkeit, Verständnis, Sex ... Man ist auf der Suche nach einem Ausgleich oder Ersatz. Bei einer dritten Person findet man die Eigenschaften, die man beim eigenen Partner, bei sich selbst oder in der Beziehung vermisst. Der Dritte ist lieb oder sozial, während der feste Partner eher kühl und sachlich oder unsozial ist. In der Beziehung zu einer dritten Person bleibt viel Zeit zum Reden und Sich-Austauschen, während mit dem festen Partner beinahe kein Wort gewechselt wird. Mit dem neuen Partner ist der Sex voller Leidenschaft und wie ein Wirbelsturm, während in der festen Beziehung der Sex abgestumpft und nur routinemäßig verläuft. In einer Beziehung ohne Zärtlichkeiten kann eine Beziehung zu einer dritten Person wie eine Quelle sein, aus der Trost und Belebung sprudeln.

Die *Flucht* aus der eigenen Beziehung kann ein weiterer Hintergrund sein. Die eigene Beziehung gibt einem nicht das, was man sucht. Es gelingt einem auch nicht, sie zu verändern. Man sucht eine Person, bei der man sich wohl fühlt. Dann will man einfach nur noch weg, man will flüchten und ein neues Leben beginnen.

Marnix hat die Nase voll

»Wir haben schon seit vielen Jahren Streit. Ich kann ihr nichts recht machen. Was ich auch probiere, alles ist falsch. Ich hatte immer noch die Hoffnung, dass sich daran etwas verändern würde. Ich hoffte, meine Frau würde einsehen, dass sie mich falsch behandelt. Ich ging oft in ein Café, um nicht zu Hause sein zu müssen, und traf diese verständnisvolle Frau. Jetzt weiß ich gar nicht mehr weiter! Ich habe nicht den Mut, meine Frau zu verlassen. Aber so kann es auch nicht weitergehen. Meine Gefühle für Greet sind auch viel stärker. Greet will ein neues Leben mit mir beginnen, ein ganz anderes Leben. Ich bin sehr vorsichtig, halte es noch geheim, aber wenn ich es zu Hause nicht aushalte, fahre ich zu Greet. Da kann ich auf andere Gedanken kommen und brauche mir keine Sorgen zu machen.«

Druck auf den Partner ausüben, um sich zu verändern, ist eine weitere Strategie. Möglicherweise hat man mit dem Partner schon mehrmals darüber gesprochen, dass er sein Verhalten ändern soll. Wenn die Veränderung ausbleibt, probiert man es mit anderen Methoden. Als letztes Druckmittel wird dann eine Beziehung zu einer anderen Person eingesetzt. Es ist sehr interessant, zu beobachten, wie eine Beziehung zu einer dritten Person die Machtsverhältnisse in der eigenen Beziehung verändert. Die Person, die fremdgeht, hat auf einmal die Zügel in der Hand und ist viel stärker. Plötzlich ist man nicht mehr so abhängig vom anderen.

Auch *Rache* kann ein Motiv sein. So wird eine alte Rechnung beglichen. Viele Menschen reagieren zum Beispiel auf den Seitensprung des Partners, indem sie selbst fremdgehen. Bei einigen Paaren geschieht es ganz unbemerkt und allmählich. Der eine Partner geht fremd, der andere schüttet sein Herz bei einer Vertrauensperson aus und klagt ihr seine Leiden und Schwierigkeiten. Auf diese Weise entsteht zwischen ihnen eine Beziehung. Manchmal entwickelt sich diese gefühlsmäßige Verbindung zu einer wirklichen Affäre weiter. Eine Affäre aus Rache ist meist eine feindselige Reaktion. Sie ist destruktiv und zerstört mehr, als dass sie hilft. Die Situation wird dadurch oft noch komplexer. Im Nachhinein bedauern die meisten Menschen ihren Racheakt.

Durch eine Affäre kommt es zu *Spannung und Abenteuer in der festen Beziehung* (Charny 1992). Wenn die feste Beziehung langweilig wird oder alles routine- und gewohnheitsmäßig verläuft, können durch eine Beziehung mit einer dritten Person Veränderungen angestoßen werden. Man verändert die Beziehung nicht von innen heraus, sondern von außen. Bei einer in Routine erstarrenden Ehe kann eine Affäre den Trott durchbrechen und zu neuer Aufregung und Abwechslung führen. Für manche Menschen ist dies der einzige Grund, fremdzugehen. Einfach mal wieder etwas Spannendes und Abenteuerliches erleben. Das Geheime, Neue und Verborgene einer Affäre bringt zweifelsohne eine enorme Spannung. Wenn eine Zweierbeziehung abgebrannt (Burnout) ist, kann so ein neues Feuer entfacht werden. Häufig wird dabei vergessen, dass sich das Feuer auch ausbreiten und zu einem alles vernichtenden Feuer entwickeln kann.

In einer sehr geschlossenen Beziehung oder bei einem besitzergreifenden Partner kann eine Außenbeziehung ein Versuch sein, die *Struktu-*

ren zu zerbrechen. Zu diesem Prozess kommt es oft in Beziehungen, in denen das Leben der Partner zu sehr miteinander verschmolzen ist oder zu wenig Spielraum für die persönliche Entwicklung des anderen lässt. Eine Beziehung mit einer dritten Person ist dann eine Möglichkeit, mehr Raum und Luft zu bekommen. So erging es Yvonne im nächsten Beispiel.

Yvonne und ihr junger Freund

Yvonne (50) hat einen jungen Freund (27) aus dem Chor in ihrem Dorf. Benny, ihr Mann, findet das schrecklich. Für ihn ist es nicht akzeptabel. Yvonne möchte gerne, dass Benny sie versteht. Benny und Yvonne kennen sich schon sehr lange, seit der Mittelstufe. In der Zeit war Yvonne über beide Ohren in Benny verliebt. Sie hat nie einen anderen Mann gehabt. Benny wusste seit dem ersten Kontakt mit Yvonne, dass sie seinen Idealvorstellungen von einer Frau entsprach. Zusammen bauten sie ihr Leben auf. Sie leben relativ luxuriös und haben alles, was sie sich wünschen. Benny war immer schon sehr eifersüchtig. Die beiden haben auch Schwierigkeiten, miteinander zu sprechen. Jedes Mal kommt es dann zu einer heftigen Auseinandersetzung. Bei den Streitereien wird Benny immer lauter, worauf sich Yvonne abschottet und zurückzieht.

Vor fünf Monaten hat Yvonne den jungen Mann im Chor kennengelernt. Er hörte ihr zu. Vom Alter her hätte es ihr Sohn sein können. Sie hatte so starke Gefühle für ihn, dass sie zu Hause in Tränen ausbrach. Benny zweifelt nun an seinem Verhalten. Was hat er falsch gemacht? Yvonne zweifelt, ob sie noch eine gute Ehefrau ist. Aber sie will sich noch nicht lebendig begraben lassen. Sie hat auch nicht das Gefühl, dass sie etwas Falsches tut. Sie redet doch nur mit dem jungen Mann, sie amüsieren sich zusammen und hören sich gegenseitig zu! »Er ist mehr ein Kamerad. Außerdem ist er viel zu jung für mich. Ich will nicht mit ihm leben. Aber als Freund will ich ihn nicht aufgeben.«

Manche Menschen wollen eine bestimmte Art von *Unabhängigkeit* haben. Dem Partner, der in einer Ehe eine abhängige Position einnimmt, kann eine Beziehung zu einer dritten Person ein Gefühl der Unabhängigkeit geben. Wenn sich ein Partner im Laufe einer langjährigen Beziehung immer abhängiger vom anderen fühlt, dann kann eine neue Beziehung zu einer anderen Person beide ursprünglichen Partner erneut unabhängiger voneinander machen.

Dieser Aspekt ist übrigens eine der positiven Folgen einer Beziehung mit einer dritten Person: Die Abhängigkeit eines Paares voneinander wird grundsätzlich durchbrochen, und die Selbstständigkeit der einzelnen Personen kann sich danach stärker entwickeln. Voraussetzung dafür ist allerdings, dass alle Beteiligten die Situation gut verarbeiten! Manchmal scheint dies die einzige Möglichkeit zu sein, dem eigenen Partner mitzuteilen, dass man wirklich etwas in der Beziehung verändern will. Der bekannte amerikanische Sexologe und Paartherapeut David Schnarch (2002) weist darauf hin, dass eine Beziehung zu einer dritten Person ein Grund sein kann, sich voneinander zu »differenzieren«. Er meint damit, dass die Partner nach der Verarbeitung mehr sie selbst sein können, dass aber gleichzeitig mehr Nähe entsteht. Um dieses Thema geht es auch in unserem Buch *Die Liebe nach dem Unterschied* (Vansteenweg 2001).

Das *Zerstören der Perfektion* kann möglicherweise ein Grund sein. Manchmal kann eine Ehe so perfekt sein, dass sie keinen Raum lässt für die Schattenseiten einer Person. Eine Beziehung mit einer anderen Person kann die ideale Situation durchbrechen. Man kann Spaß daran haben, einfach mal etwas »Schlechtes« zu tun. Wahrscheinlich kommt diese Möglichkeit eher selten vor, aber für den israelischen Paartherapeuten Charny (1992) ist dies eine der Möglichkeiten. Wenn in einer Partnerschaft alles zu geschmiert geht, kann eine Affäre den Schein der Perfektion aufbrechen.

Janneke hat es schwer mit ihrer Schwester

Janneke litt sehr darunter, dass ihre Zwillingsschwester starke Depressionen hatte und deswegen in eine Klinik aufgenommen wurde. Ihre Schwester hatte herausgefunden, dass ihr Mann fremdgegangen war. Janneke unterstützte ihre Schwester in dieser schweren Zeit, wie schon immer in allen schwierigen Situationen ihres Lebens. Doch ihre Schwester reagierte mit Neid auf Janneke: »Du kannst dir ja gar nicht vorstellen, was ich durchmache. Du hast eine glückliche Familie, und bei dir ist alles perfekt.« Janneke war bestürzt über diese Worte. Jahre später erkannte sie, dass dies ein Grund für sie war, eine sexuelle Beziehung mit einer Freundin zu beginnen. Auf diese Weise bewies sie ihrer Schwester (unbewusst), dass in ihrer Beziehung auch nicht alles rosig war.

In einer Ehe mit einem Partner, der dem anderen ständig eine Lektion erteilt, kann eine Affäre mit einer anderen Person ein Zeichen sein, dass man selbst in der Lage ist, sein Leben zu leben. Die Beziehung ist ein *Aufstand* gegen die dominierende Person. Man widersetzt sich dem anderen, lehnt sich gegen ihn auf. Wir haben schon vorher festgestellt, dass eine Beziehung zu einer dritten Person das Machtsverhältnis mit dem festen Partner grundlegend verändert. Das sehen wir auch am Beispiel von Johann und Christina.

Johann bekommt mehr Aufmerksamkeit durch eine Kollegin

Johann (37) und Christina (34) haben zwei Töchter, die drei und sieben Jahre alt sind. Sie kennen sich seit 13 Jahren und sind seit zehn Jahren verheiratet. Johann fürchtet sich vor Auseinandersetzungen mit Christina, da sie sehr heftig reagieren kann. Er hat das Gefühl, dass er nichts taugt. Christina kann alles besser. Sie weiß alles besser und ist auch immer etwas schneller als er. Christina redet gerne, aber Johann will lieber vor dem Fernseher seine Ruhe haben. Christina wiederholt auch regelmäßig: »An dir habe ich gar nichts.«

Als Johann eines Tages das Erlebnis hat, dass eine Kollegin am Arbeitsplatz ihm unerwartet Aufmerksamkeit schenkt, fühlt er sich stark. Es ist für ihn vor allem eine Frage des Gefühls. Er ist auf einmal nicht mehr so still zu Hause und teilt seiner Frau hin und wieder mit, dass Benedicte sehr nett zu ihm ist und gerne etwas mit ihm unternehmen will. Johann ist sehr überrascht von Christinas Reaktion. Er hatte erwartet, dass sie ziemlich böse auf ihn werden würde. Aber ganz im Gegenteil! Sie passt viel mehr auf, was sie jetzt zu ihm sagt. Johann gewinnt den Eindruck, dass sie eher Angst vor ihm hat. Christina hatte in ihrer Beziehung nie viel Lust auf Sex gehabt, aber in den letzten Wochen hat sich das verändert. Sie ergreift die Initiative und will häufiger Sex mit Johann. Außerdem bittet sie ihn, den Kontakt mit Benedicte einzuschränken. Johann begreift diese Veränderungen überhaupt nicht.

In einer schwierigen Beziehung kann eine Außenbeziehung *Trost* spenden (Charny 1992). Es gibt Beziehungen mit Dritten, bei denen sich beide Partner gegenseitig in dem Leid trösten, das der jeweilige feste Partner ihnen angetan hat. Trost durch eine Person, die sich selbst in Not befindet, entwickelt sich häufig zu einer Affäre. Dadurch, dass man intime Gefühle miteinander austauscht, entsteht eine Verbindung, die viel Nähe vermittelt. Man teilt sehr persönliche Dinge miteinander. Dadurch entsteht die Nähe. Manche Menschen glauben, dass sie durch eine Außenbeziehung die Schwierigkeiten der festen Beziehung überwinden können.

Eine Außenbeziehung kann auch eine Methode sein, eine dritte Person in einen *Beziehungsstreit* zu verwickeln (Nichols 1988). Wie wir schon mehrfach wiederholt haben, verändern sich durch eine Affäre mit einer dritten Person die Machtverhältnisse in der Beziehung. Bei einem schwelenden Konflikt in einer Beziehung kann die dritte Person die eine Partei stärken und die andere schwächen.

Eine Außenbeziehung kann bei einer gut funktionierenden Beziehung auch als ein *zusätzlicher Vorteil* gesehen werden, durch den die Beziehung bereichert wird. In dem umstrittenen Film *Das Glück aus dem Blickwinkel des Mannes* von Agnes Varda (1965) kommt es zu einem berühmten Ausspruch eines Mannes, der eine Affäre eingegangen ist: »Die Affäre ist einfach noch zusätzliches Glück … du bonheur en plus …« Der Film endet mit dem Selbstmord (oder Tod?) seiner Frau. Der Mann lebt anschließend mit seinen Kindern und seiner Freundin weiter. Es gibt Paare, die ganz klar sagen, dass Beziehungen mit anderen sie bereichern und der Beziehung gut tun. Dazu gehören auch Menschen, die mit dem Partner eines anderen Paares tauschen oder in Swingerclubs gehen (Revell a. Vansteenwegen 2003).

Warum auch nicht?

Jan und Betty haben drei Kinder. Die beiden sind ein tolles Paar. Sie sind inzwischen vierzehn Jahre verheiratet. Da die Kinder inzwischen etwas älter sind, unternehmen sie jedes Jahr eine großartige Reise. Während einer solchen Reise treffen sie eine andere Familie mit ähnlichen Interessen. Sie treffen sich so häufig wie möglich. Besonders Jan und Lisette, die Frau der anderen Familie, ergreifen hier die Initiative. Die Verliebtheit zwischen den beiden bleibt für Jan und Betty während der nächsten Monate ein heißes Thema. Jan findet, dass eine Liebelei kein Problem sein sollte. »Eine Freundschaft zwischen einem Mann und einer Frau muss doch möglich sein. Solange man dem Partner keinen Schaden zufügt, ist doch alles in Ordnung. Warum sollte man diesen zusätzlichen Vorteil nicht genießen?« Lisette denkt genauso wie Jan. Beide ermuntern auch ihre Partner, sich miteinander zu verabreden. Wenn wir etwas zusammen vereinbaren, sollte es kein Problem sein. Es könnte für alle Beteiligten so schön sein!

Schließlich hat eine Beziehung mit einer dritten Person auch eine Alarmfunktion. Manche Partner müssen so weit gehen, um den anderen Partner wachzurütteln. Erst dadurch verändert sich der andere auf einmal und ist plötzlich bereit zu mehr sexuellem Kontakt oder Anpassungen in einem anderen Bereich.

Bedeutungen im Zusammenhang mit der dritten Person

Manchmal liegen die Gründe für das Fremdgehen auch ganz *außerhalb der Paarbeziehung*.

Verliebtheit ist sicher eines der am häufigsten vorkommenden Motive für Außenbeziehungen. Wer verliebt ist, will natürlich so viel Zeit wie möglich mit dem anderen verbringen. Außerdem setzt Verliebtheit ungeahnte Kräfte frei und verleiht neue Energie. Sie ist mit so viel Freude verbunden, dass man davon vielleicht ganz benommen ist. Die Schattenseite ist aber, dass sie süchtig machen kann. Man bindet sich sehr eng an den anderen, und jeder neue Kontakt verstärkt dieses Gefühl. Jeder Kontakt ruft ein so starkes Glücksgefühl hervor, dass das Bedürfnis, ihn erneut aufzunehmen, jedes Mal verstärkt wird. Auf diese Weise wächst die Verliebtheit und erhält sich selbst aufrecht.

Man will *eine dritte Person testen*. Vielleicht will man aus der alten Beziehung ausbrechen und ist auf der Suche nach einem besseren Partner. Dieser Schritt birgt allerdings viele große Risiken. Solange man die alte Beziehung noch beibehält, kann man den neuen Partner schon einmal ausprobieren. Wenn es dann nicht gut geht, kann man die Affäre ohne großes Aufsehen beenden und die alte Beziehung aufrechterhalten.

Bedeutungen im Zusammenhang mit der Person selbst

Einige Partner sind ständig auf der Suche nach Bestätigung. Sie verspüren eine Art unstillbares Bedürfnis danach. Jedes Mal, wenn man jemanden erobert, führt dies zu einem emotionalen Kick. Man fühlt sich in seinem Selbstwert bestätigt. Harry braucht zum Beispiel so einen Kick:

Fremdgehen gibt einen Kick

Harry ist seit 23 Jahren verheiratet. Er ist der jüngste aus einer Familie mit fünf Söhnen. Er kommt allein in die Therapie. Sexuell läuft es nicht so gut bei ihm. Seine Erektionen lassen ihn im Stich. Zu Hause ist eine Krise ausgebrochen. Seine Frau hat es immer toleriert, dass er fremdgeht. Sie wusste, dass er es nicht lassen konnte. Sie war für ihn immer eine große Stütze. Harry berichtet, dass er eine schwierige Kindheit hatte. Seine Eltern haben nie groß für ihn gesorgt, und er musste sich schon früh um sich selbst kümmern. Er ist davon überzeugt, ein ungewolltes Kind zu sein. Sein sieben Jahre älterer Bruder hat ihm oft das Gefühl vermittelt, es wäre besser, wenn er nicht auf die Welt gekommen wäre. Harry war sehr glücklich, als er heiratete. Endlich hatte er die Unterstützung, die er sich immer gewünscht hatte. Die Beziehung war lebhaft bis zum Tag der Hochzeit. Seitdem hat Harry nicht mehr die Initiative ergriffen, um sexuellen Kontakt mit seiner Frau zu haben. Jedoch konnte er es nicht lassen, eine Frau nach der anderen zu erobern. Er sagt: »Ich laufe ihnen so lange hinterher, bis ich sie ins Bett bekomme. Danach ist es mit der Verliebtheit vorbei.«

Dieses Verhalten können wir häufig in der Therapie beobachten. Der Drang nach Eroberungen im sexuellen Bereich ist die Folge unerfüllter Gefühle in der Kindheit. Harry ist ständig auf der Suche nach Bestätigung und Liebe.

Es gibt ein großes Missverständnis, nämlich dass Menschen nur fremdgehen, wenn es in der Beziehung grundlegend an etwas fehlt. Doch entwickeln sich Affären auch bei Paaren, die eine gute Beziehung zueinander haben. Einige Paare zweifeln nicht an ihrer ursprünglichen Beziehung und beginnen doch eine Beziehung mit einer dritten Person. Sie sind beispielsweise in einem Lebensabschnitt, in dem sie neue Wege gehen. In dieser Phase werden alte Lebensgewohnheiten oder eingefahrene Werte infrage gestellt oder sogar verworfen. In dieser Zeit ergreift man manchmal den letzten Strohhalm und probiert alles aus, was noch möglich ist.

Der eine will seinen *eigenen Mut* auf die Probe stellen. Einfach nur für sich selbst. So kann man zum Beispiel ausprobieren, ob man noch attraktiv ist oder noch in der Lage ist, jemanden zu verführen. Das ist nicht gegen den Partner gerichtet, sondern ist als Bestätigung für die eigene Person gemeint.

Eine andere will für sich selbst mehr *Freiheit und Unabhängigkeit.* Man hat subjektiv mehr Autonomie, wenn man außerhalb der festen Beziehung noch etwas anderes nebenbei hat.

Ein Dritter handelt einfach nach dem *Lustprinzip.* Der eigene Genuss steht im Vordergrund. Auch hier handelt es sich nicht um einen Akt gegen den Partner, sondern es geschieht einfach zum eigenen Spaß und aus Genuss. Man verabredet sich nur so lange mit der dritten Person, wie es einem selbst Freude bereitet. Danach wird sie fallen gelassen. Wer in einer Beziehung eine konsumierende Einstellung hat, lebt so.

Manchmal verführen Menschen auch nur eine dritte Person, um diese zu einem Zweck zu benutzen oder gar zu *missbrauchen.* Der klassische Don Juan beginnt eine Affäre, um von einer Person zu profitieren. Es kann sich dabei um einen finanziellen oder materiellen Nutzen handeln. Wir sprachen einmal mit einem Mann, der ganz bewusst eine Affäre mit der Privatsekretärin seines Chefs begann (die übrigens auch eine höchst intime Beziehung mit dem Chef hatte!) und sie verführte. Nachdem er mehrere Stunden und viele Liter Whiskey investiert hatte, konnte er ihr gewisse Informationen über die Investition der Firma entlocken, die für ihn entscheidend waren.

Warum Menschen also Beziehungen mit anderen beginnen, ist offensichtlich eine sehr komplexe Angelegenheit. Die Gründe sind nie eindeutig. In den meisten Fällen sind sich die Partner auch nicht der Gründe bewusst. Manchmal sieht man erst im Nachhinein ein, was die wirklichen Motive waren. Meist beginnt man auch erst nach Ablauf der Beziehung den eigenen Anteil an einer Entwicklung zu verstehen, zu der es »ganz spontan und automatisch im Leben kam«.

Diskussion

Sind Menschen von Natur aus monogam?

Maureen: Die Frage, ob Menschen von Natur aus monogam sind oder nicht, wird häufig gestellt.

Fons: Wenn man damit meint, unsere biologische Natur sei es, monogam zu sein, dann ist die Antwort darauf ein deutliches Nein. Doch ist der Mensch mehr als nur ein Sack Wasser mit einigen Genen. Wir sind auch kulturelle Wesen.

Durch uns entsteht Kultur mit entsprechenden Regeln zu Beziehungs- und Lebensformen. Außerdem werden wir durch die Kultur geprägt, in der wir aufwachsen und leben. Wir sollten uns vielmehr die Frage stellen, warum Paare eine Antwort auf diese Frage suchen.

Maureen: Das ist doch klar. Sie suchen nach Gründen, um möglicherweise fremdzugehen.

Fons: Ich bin davon überzeugt, dass monogame, ausschließliche und lang anhaltende Beziehungen bereichernd sein können.

Maureen: Warum wird die Frage dann gestellt?

4. Motive, das Fremdgehen des Partners zu akzeptieren

Für die meisten Menschen ist das Zusammenleben mit einem Partner, der eine Beziehung zu einer anderen Person hat, noch immer eine bessere Lösung, als ohne den Partner zu leben, selbst wenn es noch so schmerzlich ist. Man hat *Angst, den Partner zu verlieren*; darum duldet und erträgt man die Situation. Aber es bleibt schmerzhaft. Dadurch kommt es zu einem inneren Konflikt. »Ich liebe dich, und ich will auch, dass du mich liebst. Du liebst jetzt jemand anders, aber ich will dich nicht verlieren. Das heißt, ich liebe dich, aber ich kann es nicht ertragen, wenn du eine andere Beziehung hast. Aber ich kann dich nicht zwingen, die Affäre zu beenden. Ich kann dich nur darum bitten.« Die Antwort des Partners ist dann in den meisten Fällen zweischneidig: »Ich sehe, dass es schmerzlich für dich ist. Ich wünschte mir, dass ich etwas anderes tun könnte. Ich liebe dich, und ich will dich unterstützen. Aber ich kann die Affäre nicht beenden ...«

Diese Art der Akzeptanz ist eine erzwungene Akzeptanz. Man will die Beziehung zum Partner aufrechterhalten. Das ist aber für eine einzelne Person nicht möglich; dazu gehören immer zwei Menschen. Man will den festen Partner auf jeden Fall als Lebenspartner behalten. Das Verhalten des Partners ist allerdings nicht akzeptabel; doch man liebt den Partner weiterhin als Person.

Manche Partner dulden die außereheliche Beziehung oder tun so, als mache es ihnen nichts aus. Das gibt ihnen die Freiheit, selbst das zu tun, was sie möchten. Ein Beispiel dafür ist Ady.

Es kommt Ady sehr gelegen

Ady ist Mitte dreißig und Vater von zwei heranwachsenden Kindern. Die täglichen Aufgaben im Haushalt sind von Anfang an gut aufgeteilt. Das war eine stillschweigende Vereinbarung; darüber wurde nie diskutiert. Alles verändert sich in dem Moment, als Ady eine neue Arbeitsstelle bekommt und jeden Tag zwei Stunden im Stau stehen muss. Er kommt seitdem müde nach Hause und ist schneller gestresst. Wenn er nach Hause kommt, will er sich nur noch auf das Sofa legen und nichts mehr tun. Seine Frau akzeptiert sein Verhalten jedoch nicht. Es war seine eigene Entscheidung, den Arbeitsplatz zu wechseln, also muss er auch mit den Konsequenzen leben. Ady findet den Streit mit seiner Frau unerträglich. Die Spannungen in der Beziehung dauern schon etwa drei Jahre an. Seine Frau beginnt eine Beziehung mit einem anderen Mann. Seit dieser Zeit ist sie viel gelassener gegenüber Ady. Sie lässt ihn mehr in Ruhe, es entsteht eine gefühlsmäßigere Distanz. Aber das kommt Ady sehr gelegen. Er kann in Ruhe seinen Tätigkeiten nachgehen. Es scheint, als wäre seine Frau durch die Beziehung mit der dritten Person flexibler geworden.

Es kann auch positive Aspekte haben, wenn der Partner eine Beziehung hat. Manchmal ist auch ein gewisser *Stolz* zu erkennen. Wenn der Partner begehrenswert für andere bleibt, stärkt dies das eigene Ego. Man identifiziert sich dann bis zu einem bestimmten Grad mit dem Partner. Wenn der Partner eine Beziehung zu einer Person hat, die man selbst sehr schätzt, beweist dies den Wert des Partners. Hat der Partner dagegen eine Beziehung zu einer weniger geschätzten Person, wird das als doppelt negativ erfahren.

Viele akzeptieren die andere Beziehung, indem sie die Schuld für die Untreue der dritten Person zuschreiben. »Er hat dich verzaubert. Sie hat dich verführt! Dich trifft keine Schuld, sondern den anderen. Du bist ganz unschuldig und naiv in die Situation gestolpert! Deine Geliebte ist eine Hure! Der Mann, der dich verführt hat, macht das mit allen Frauen so! Du bist nur eine von vielen. Und bald lässt er dich wieder fallen. Er ist ein Don Juan! Der Mann hat keine Moral. Er ist völlig pervers und verdorben.«

Bei diesem Mechanismus teilt der Partner erst alle Rollen in Gut und Böse auf. Alle schlechten Anteile schreibt er dem neuen Partner zu und die guten dem eigenen Partner. Auf diese Weise bleibt der Wert des eigenen Partners erhalten. So ist es einfacher, den Partner weiterhin zu lieben. Der Partner wird dann als unschuldiges Opfer gesehen. Man will nicht wahrhaben, dass auch der Partner eine aktive Rolle in der Affäre spielt. Aber eine solche Beziehung wird natürlich von zwei Seiten aufrechterhalten.

Im ersten Teil des Buchs haben wir uns damit auseinander gesetzt, was unter »Beziehungen zu Dritten« oder Affären verstanden werden kann.

Wir haben uns auch damit beschäftigt, welche Konsequenzen verschiedene wissenschaftliche Forschungsergebnisse über Untreue haben. Anschließend haben wir eine Palette von möglichen Bedeutungen aufgezeigt. Daraus wird deutlich, wie unterschiedlich die Bedeutungen und Meinungen über Außenbeziehungen sind. Zum Schluss wurde erklärt, warum Partner das Fremdgehen des anderen (notgedrungen) akzeptieren.

Im zweiten Teil werden wir die sieben Phasen im Verlauf einer Affäre – von der Entstehung bis zur Verarbeitung – beschreiben.

Teil 2: Der Verlauf von Beziehungen mit Dritten

Zwei zusammenlebende Partner haben in den meisten Fällen eine unausgesprochene Vereinbarung, dass sie sich treu sind und keinen sexuellen Kontakt mit anderen haben. Sie gehen davon aus, dass sie der Mittelpunkt im Leben des anderen und das Wichtigste für ihn sind. Eine Beziehung zu einer dritten Person ist dann ein Vertragsbruch. Dadurch wird die Zweierbeziehung selbst infrage gestellt. Der Einfluss einer Außenbeziehung auf die beiden Partner kann sehr unterschiedlich sein. Jeder erlebt das Fremdgehen auf eine andere Art. Egal ob man nun selbst eine Beziehung mit einer dritten Person beginnt oder ob man betrogen wurde, die Effekte sind einschneidend und oft unvorhersehbar.

Im Laufe der Zeit haben wir mit vielen Paaren gesprochen. Sie kamen mit Fragen und Problemen, die mit außerehelichen Beziehungen einhergehen: Spannungen beim Entstehen einer Beziehung mit Dritten, innere Konflikte, Beziehungskrisen sowie die mühsame und schmerzvolle Verarbeitung dieser Situation zu zweit. Extreme Gefühlsschwankungen, sich aufschaukelnde Konflikte, gegenseitige Beschuldigungen und die Drohung mit dem Abbruch der Beziehung wechseln sich ab. Die Paare sehen oft keinen Ausweg mehr. Sie fühlen sich in ihrem eigenen Konflikt gefangen.

In dieser Dynamik zwischen zwei Partnern können wir verschiedene Phasen voneinander unterscheiden. Um den Prozess gut zu verarbeiten, ist es wichtig, zu erkennen, in welcher Phase man sich befindet. Die Partner sehen ihre Situation in den Phasen gespiegelt und erkennen, dass es sich um eine natürliche Entwicklung handelt, die einfach zu diesem Prozess gehört. Dadurch kann sich das Leiden geringer oder sogar relativiert werden. Jeder Schritt umfasst spezielle Probleme und benötigt eigene Lösungen. Die Phasen sind: 1) das Entstehen der Affäre, 2) Vermutungen und Verleugnen, 3) Aufdeckung, emotionale Ausbrüche und unüberlegte Entscheidungen, 4) das Fällen einer Entscheidung, 5) die Sackgasse, 6) das Beenden einer Affäre und 7) das Verarbeiten.

Phase 1: Eine Beziehung mit einer dritten Person entsteht

Beziehungen mit Dritten entwickeln sich meist aus einer Verliebtheit heraus. Wie beinahe alle Menschen irgendwann in ihrem Leben erfahren haben, ist Verliebtheit ein Zustand, in dem man sich ununterbrochen von einer anderen Person angezogen fühlt. Man will in der Nähe der anderen Person sein, denkt ständig an sie. Man ist wie besessen. Alle Gedanken kreisen ständig um die andere Person. Durch die Verliebtheit wird eine große Palette von Gefühlen entfacht. Man wird von Gefühlen überwältigt. Man fühlt sich angezogen, voller Lust. Plötzlich tauchen nie gekannte sexuelle Wünsche auf. Man hat mehr Energie, wird kreativ, ist glücklich im Leben. Ungeahnte Kräfte werden freigesetzt, man fühlt sich allmächtig. Das Selbstwertgefühl nimmt zu, man bekommt Lust am Leben, hat neue Energie. Viele Menschen benötigen weniger Schlaf. Manchmal können die Gefühle so stark sein, dass man schwebend durchs Leben geht – wie auf Wolken. Manche Menschen verlieren auch den Kontakt mit der Realität. Man sieht den anderen nicht so, wie er ist, sondern so, wie man ihn haben möchte. In dem Sinn ist Verliebtheit eine Augenkrankheit, wie wir es in unserem Buch *Liebe, ein Tätigkeitswort* (Vansteenwegen 2002) erklärt haben.

Wer sich innerhalb einer festen Beziehung in eine dritte Person verliebt, hat unterschiedliche Gefühle. Auf der einen Seite gibt es die fantastischen, angenehmen Erfahrungen, aber auf der anderen Seite auch negative Gefühle. So hat man Angst, die Kontrolle zu verlieren, etwas zu tun, was man vielleicht nicht will. Auch spürt man den Schmerz, da man erkennt, dass nicht alles möglich ist. Manchmal kommt es zu Schuldgefühlen bezogen auf den Lebenspartner. Manchmal schämt man sich der eigenen Gefühle. Auf diese Weise kommt ein innerer Konflikt auf. Einerseits besteht der Wunsch, sich den Gefühlen der Anziehung und des Begehrens durch Verliebtheit hinzugeben. Andererseits gibt es Sorgen im Hinblick auf die eigene Beziehung, den Lebenspartner und die Familie. So erging es auch Johann.

Johann wird von seinen Gefühlen überwältigt

Johann ist in eine Berufskollegin verliebt. Das ist für ihn vor allem eine gefühlsmäßige Sache. Er will seine Familie überhaupt nicht verlieren, aber zu Hause wurde alles ein bisschen eintönig: immer die gleiche Routine, wenig Zeit füreinander. Gerne würde er die Beziehung zu Christina, seiner Frau, wieder verbessern. Aber im Moment ist er vor allem durcheinander. Die Gefühle für die Kollegin sind nicht nur eine kurze Aufwallung. Er sagt: »Mein Gefühl kämpft mit meinem Verstand. Das Gefühl ist so stark. Es kommt alles so überraschend. Ich fühle mich von den Gefühlen völlig übermannt. Ich habe keine Ahnung, wie es sich in den nächsten Monaten entwickeln wird.«

Die Partner ringen auf ganz unterschiedliche Weise mit ihren Fragen, Ängsten und Sehnsüchten

Grübeln

Manche Menschen denken die ganze Zeit über ihre Probleme nach. Sie versuchen, die Verliebtheit, Schuldgefühle, Scham, Angst und Ohnmacht voneinander zu trennen. Es kann zwar bei einer Verliebtheit zu Schuldgefühlen kommen, jedoch ist sie selbst eher etwas, was einem zufällt. In dem Sinne handelt es sich nicht um eine Wahl oder bewusste Entscheidung, und daher kann man auch nicht schuldig sein. Ängste entstehen, wenn man sich in einen inneren Konflikt verstrickt. Man fragt sich, wie man jetzt handeln soll. Das Gefühl der Ohnmacht ist ein Bestandteil der Verliebtheit. Man ist überwältigt und kann nichts tun.

Andere um Zustimmung bitten

Andere Menschen sind verzweifelt und bitten Freunde, Kollegen oder Therapeuten um Erlaubnis, dass sie ihrer Verliebtheit folgen und die Beziehung entwickeln.

Clara und der Handwerker

Clara ist 55 Jahre alt. Sie ist völlig durcheinander. Der Handwerker hat ihr gesagt, dass er sich in sie verliebt hat. Sie findet es fantastisch, dass jemand sie attraktiv findet. Sie spürt die Leidenschaft und die Sehnsucht in ihrem Körper. Dafür schämt sie sich einerseits, freut sich aber andererseits darüber, dass sie »nicht frigide ist«. Ihr Mann hat sie während der gesamten Partnerschaft beschuldigt, in sexueller Hinsicht ein Nichts zu sein. Nun hat sie Angst vor der Versuchung. Darum geht sie für ein einmaliges Gespräch zum Therapeuten. Sie will indirekt von ihm die Erlaubnis bekommen. »Warum sollte ich nicht meinem Bedürfnis folgen? Ich bin meinem Mann immer treu gewesen. Ich will ihn auch nicht verlassen. Er darf es nur nicht erfahren. Er würde es doch nicht verstehen.« Drei Monate später berichtet Clara, dass sie den Schritt gewagt hat. Jetzt ist sie erleichtert. Aber ein zweites Mal könnte es für sie nicht geben.

Rationalisieren

Eine andere Gruppe von Menschen versucht, gute Gründe für die Gefühle zu finden, um auf diese Weise ihr Verhalten zu rechtfertigen. Sie kommen mit Erklärungen, rationalisieren und leben anschließend die verliebten Gefühle aus. Sie suchen nach Argumenten, die es ihnen ermöglichen, trotzdem eine neue Beziehung einzugehen.

Sita »tut niemandem etwas zuleide«

Sita hat jung geheiratet. Sie wurde mit siebzehn schwanger, weil man sie nicht richtig aufgeklärt hatte. »Ich wusste nicht, was mit mir passierte.« Ihren Traum, eine Ausbildung als Krankenpflegerin zu machen, hat sie früh aufgegeben. Sie ist nun seit zehn Jahren mit Karl verheiratet. Sie hat jahrelang ihr Bestes für ihren Mann und die drei Kinder gegeben. Von ihrer Familie hat sie nur wenig Anerkennung bekommen. Eines Tages lernte sie Jan kennen, der ihrem jüngsten Sohn Unterricht gibt. Jan ist überrascht, dass sie ihre Ausbildung abgebrochen hat, da sie so talentiert ist. Sie berichtet ihm von ihren Schwierigkeiten zu Hause. Auch Jan hat es nicht leicht und bekommt zu wenig Unterstützung von seiner Partnerin. Ständig wird ihm unterstellt, dass er nicht genug Geld verdient. Sita schätzt dagegen die Einstellung von Jan, Menschen zu helfen. Die beiden haben sich in der gegenseitigen Wertschätzung gefunden. Heimlich beginnen sie eine Affäre. Die verborgene Beziehung mit Jan gibt ihr die Kraft, den Haushalt weiterzuführen. »Ich brauche die Unterstützung von Jan. Ich schade ja niemandem damit. Im Gegenteil, ich bekomme dadurch Kraft und kann besser für meine Familie sorgen.«

Hier sehen wir, wie Sita einen Grund sucht, ihr Fremdgehen zu rechtfertigen. Als Argument führt sie an, dass sie durch die Affäre die Beziehung mit ihrem festen Partner aufrechterhalten kann. Dieses Argument hören wir in den Therapiesitzungen übrigens regelmäßig. Manche Menschen können eine unerträgliche Lebenssituation durch die Liebe und Unterstützung einer dritten Person besser aushalten. Andere Menschen verwenden andere Argumente. Zum Beispiel Sonja.

Sonja lebt nur einmal

Sonja war ihrem Partner immer treu. Sie hat sich hundertprozentig für ihren Mann und die Kinder eingesetzt. Auf einem Betriebsfest begegnet sie einem Vertreter einer anderen Firma. Zwischen den beiden kommt es zu einer intimen Freundschaft. Abgesehen davon, dass sie diese Freundschaft vorläufig geheim halten möchte, hat Sonja keine Schuldgefühle. Sie hat nicht das Gefühl, etwas falsch zu machen, da sie nicht weniger Zeit und Aufmerksamkeit für ihre Familie aufbringt als vor der Beziehung. Und schließlich »lebe ich nur einmal«.

Nachdenken, mit Vernunft abwägen und Deutlichkeit schaffen?

Den Gefühlen der Verliebtheit außerhalb der festen Beziehung zu folgen ist etwas, was man sorgfältig abwägen sollte. Dies gilt unabhängig davon, ob man es dem Partner mitteilt oder nicht. Eigentlich müsste man die Entscheidung nicht nur aus dem Gefühl heraus treffen. Gerade impulsives Handeln ist mit einem hohen Risiko verbunden.

Auf der anderen Seite ist es anscheinend doch so, dass man die Chance zum großen Glück auch nicht einfach an sich vorbeiziehen lassen kann. Bei einem solchen inneren Konflikt kann man am besten die Vor- und Nachteile gegeneinander abwägen, alles in Ruhe betrachten und dann erst eine ausgewogene Entscheidung fällen.

Folgende Gedanken können dazu hilfreich sein:

Sich zu verlieben kann jedem passieren

Im Laufe des Lebens verliebt man sich mehrere Male. Auch in einer festen Liebesbeziehung erleben Partner es immer wieder, dass entweder sie selbst oder der Partner sich in eine dritte Person verlieben. Das ist einfach eine Tatsache. Sich zu verlieben ist keine Entscheidung. Es ist etwas, was durch unbewusste Mechanismen ausgelöst wird. Nur in den wenigsten Fällen kann man einen Grund dafür finden. Verliebt werden ist etwas, was einem geschieht, und nicht etwas, wofür man sich entscheidet.

Trotzdem können Partner es mit der Verliebtheit des anderen Partners sehr schwer haben. Man spürt, dass der Partner seine Aufmerksamkeit auf eine andere Person richtet und sich Zeit für sie nimmt. In dieser Zeit ist man für den anderen nicht mehr der Mittelpunkt. Und gerade weil die Verliebtheit ein Zustand ist, der einem geschieht, kann man es dem Partner auch nicht einmal übel nehmen! Aber trotzdem gibt es Partner, die es dem anderen sehr verübeln, dass er sich in eine dritte Person verliebt hat. Dadurch kommt es zu Streitereien und Ehekrisen. Wenn man sich aber daran erinnert, dass Verliebtheit keine bewusste Entscheidung ist, sondern etwas, was dem Partner geschieht, kann man es vielleicht einfacher ertragen. Man hat nicht die freie Wahl, sich zu verlieben. Man erkennt dann, dass die Beschuldigungen keinen Sinn ergeben. Anstatt Beschuldigungen auszusprechen, sollte man besser auf positive Weise seine Wünsche äußern: »Ich möchte mehr Aufmerksamkeit von dir! Ich will die Verbundenheit mit dir spüren!« Es ist durchaus positiv, den Partner darauf anzusprechen, mehr Zeit miteinander zu verbringen oder mehr Aufmerksamkeit innerhalb der Beziehung zu bekommen.

Diskussion

Verliebt zu werden, geschieht mit einem?

Fons: Die Einsicht, dass es einfach so geschieht, wenn man sich verliebt, kann einem helfen.

Maureen: Aber ist es wirklich so, dass man nichts daran ändern kann?

Fons: Ich denke nicht. Es passiert doch völlig unerwartet und selbstständig?

Maureen: Man kann die Verliebtheit doch verstärken oder abschwächen?

Fons: Wie meinst du das?

Maureen: Man ist selbst dafür verantwortlich, ob man die Nähe der anderen Person sucht oder nicht. Oder ob man sie anruft oder nicht. Man entscheidet sich auch, wie weit man es kommen lässt: zusammen essen gehen oder nicht, sich regelmäßig treffen oder halt nicht.

Fons: Ja, das stimmt. Was man mit den Gefühlen tut und wie man mit der Verliebtheit umgeht, ergibt einen Unterschied.

Sich zu verlieben ist nicht unbedingt ein Zeichen dafür, dass es in der festen Beziehung an Liebe fehlt

Sich zu verlieben ist kein Zeichen dafür, dass man den eigenen Partner nicht ausreichend liebt oder dass die Beziehung schlecht ist. Man kann den anderen noch immer lieben und sich doch in eine dritte Person verlieben. Für das Argument, dass man sich nur verliebt, wenn die Beziehung schlecht ist oder die Liebe für den Partner erkaltet ist, gibt es also keine guten Gründe.

Es kann jedem passieren, dass er sich verliebt, aber wie man dann handelt, bestimmt man selbst

Es sind bewusste Entscheidungen, die Gefühle zu einer anderen Person auszusprechen oder sich zu verabreden. Bei jeder Handlung entscheidet man selbst, ob man es tut oder nicht. Man ist frei, Ja oder Nein zu sagen. Jede Handlung beinhaltet eine Entscheidung.

Verliebtheit verstärkt das sexuelle Verlangen

Manche Menschen sehen die sexuelle Anziehungskraft als Verliebtheit. Aber Verliebtheit und sexuelles Verlangen zusammen ergeben noch keine Liebe. Verliebtheit ist ein Gefühlszustand. Liebe bedeutet, dass man wirklich etwas für den anderen empfindet. Liebe umfasst mehr als das Gefühl. Sie beinhaltet auch, dass man zusammenlebt, und macht eine Beziehung möglich. Der Unterschied zwischen sexueller Lust und Liebe ist klar und muss hier nicht weiter erläutert werden.

Eine Beziehung zu einer dritten Person muss nicht automatisch zu einem Bruch der Beziehung führen

Die meisten Partner kehren zu ihren festen Partnern zurück, wenn die Affäre vorbei ist. Es gibt viele Menschen, die behaupten: »Wenn mein Partner fremdgeht, ist es das Ende der Beziehung. Dann kann er gehen!«

In den meisten Fällen sehen wir jedoch, dass Partner in der Realität ganz anders reagieren, als sie es ursprünglich erwartet hatten. Der Schritt, den Partner zu verlassen oder den Partner gehen zu lassen, ist nicht so einfach. Das zeigt sich auch in den Studien, die wir im ersten Teil des Buchs besprochen haben.

Was soll ich mit der Verliebtheit machen?

Viele Fragen lassen sich auf die folgende zurückführen: »Was soll ich mit der Verliebtheit machen? Folge ich den Gefühlen? Inwieweit nehme ich Rücksicht auf meinen Partner und auf meine Kinder? Soll ich es der Person mitteilen, dass ich in sie verliebt bin? Sage ich es meinem Partner? Was will ich eigentlich?«

Jeder Mensch geht unterschiedlich mit dem Gefühl der Verliebtheit um.

Es bei dem Gefühl belassen

Manche Menschen genießen das Gefühl, verliebt zu sein, aber belassen es dabei. Es bleibt einfach nur bei dem Gefühl. Sie entscheiden sich bewusst dafür, nicht zu handeln und eine neue Beziehung einzugehen. Manche haben auch Angst vor den Gefühlen und trauen sich nicht, bewusst damit umzugehen, was sich in ihnen abspielt.

Die Gefühle auf den Lebenspartner richten

Verliebtheit verstärkt das sexuelle Verlangen. Zwar richtet sich die Lust eigentlich auf eine dritte Person, doch gibt es Menschen, die daraufhin verstärkt innerhalb der festen Beziehung die Initiative zum Liebesspiel ergreifen. Sie kanalisieren ihre Bedürfnisse. Die (positiven und negativen) Spannungen der Verliebtheit haben automatisch einen Einfluss auf die sexuelle Beziehung in der festen Beziehung.

Sich am Partner abreagieren

Manche lassen die Spannungen, die eine Verliebtheit in eine dritte Person mit sich bringen kann, auf den Partner los. Dann wird der Partner, der verliebt ist, oft unerträglich. Der nichts ahnende Partner wird plötzlich mit extrem feindseligen Reaktionen konfrontiert, ohne zu wissen, was eigentlich los ist. Der feste Partner wird dann oft als Hindernis dabei gesehen, die Verliebtheit auszuleben, und bekommt die ganzen negativen und feindlichen Gefühle des anderen zu spüren.

Gerhard ist verliebt und sieht keinen Ausweg mehr

Gerhard (44 Jahre) hat sein ganzes Leben lang hart als Ingenieur gearbeitet. Er weiß genau, was er will, ist zielstrebig und denkt logisch. In der letzten Zeit geht es ihm allerdings nicht so gut. Er macht sich viele Sorgen, ist schnell abgelenkt und hat häufig körperliche Beschwerden. Er ist vor allem unzufrieden mit seiner Frau Annette (42 Jahre). Ihre gemeinsame sexuelle Beziehung ist zu einer Verpflichtung geworden. Darüber hat er sich allerdings noch nie beschwert. Jetzt klagt er aber darüber. Außerdem gibt sie seiner Meinung nach den Kindern zu wenig Freiheit. Dabei war es gerade immer er, der streng war und auf Regeln achtete. Wenn es nach ihm ginge, könnte Sie außerdem etwas mehr Wert auf ihr Äußeres legen.

Annette probiert mit viel Mühe, den Wünschen von Gerhard gerecht zu werden. Aber irgendwie ist es nie genug, und Gerhard ist nie zufrieden. Sie streiten sich nicht. Aber trotzdem spürt Annette, dass er unglücklich ist. Sie begreift nicht, was mit ihm los ist. Vorher gab es nie ein Problem zwischen den beiden. Sie weiß allerdings noch nicht, dass Gerhard sich hoffnungslos in eine Kollegin verliebt hat.

Was können wir aus diesem Beispiel lernen? Gerhard sucht die Erklärung für seine Unzufriedenheit bei seiner Partnerin. Sie hat Schuld. Die Unzufriedenheit wird immer größer. Obwohl sich Annette anpasst und verändert, ist es nie genug. Genau wie bei anderen Paaren, die eine ähnliche Situation erleben, weiß Gerhard nicht, was er mit seinen Verliebtheitsgefühlen anfangen soll. Die Gefühle zu der »spontanen, viel jüngeren und selbstbewussten« Kollegin bringen ihn so aus dem Konzept, dass er sich nicht mehr unter Kontrolle hat. Er will die Beziehung zu seiner Frau sicher nicht beenden. Er kann auch mit keinem Menschen über seine Gefühle sprechen. Darum reagiert er seine Unzufriedenheit an seiner Frau ab.

Kontakt suchen mithilfe des festen Partners

Der untreue Partner setzt manchmal den Lebenspartner dazu ein, den ersten Kontakt mit der Person anzuknüpfen, in die er verliebt ist. Der eigene Partner wird für Absprachen oder Wochenendausflüge gebraucht, damit man den anderen sehen kann. Es entwickelt sich eine Scheinfreundschaft zwischen zwei Paaren. Das Verlangen, das eine Person in einer Zweierbeziehung nach einer dritten Person hat, wird einfach auf vier Menschen übertragen.

Die Gefühle gegenüber der dritten Person aussprechen

Wenn man der dritten Person mitteilt, dass man in sie verliebt ist, sind die Reaktionen unvorhersehbar. Selbstverständlich hofft man darauf, dass die Gefühle wechselseitig sind. Es kann aber auch zu einer heftigen Konfrontation oder zu einer ungeheuren Ernüchterung kommen, wenn der andere nicht so empfindet. Aber selbst wenn die andere Person die Gefühle erwidert, bleibt die weitere Entwicklung noch nicht vorhersehbar. Auch wenn man weiß, wie es begonnen hat, so weiß man nicht, wie es zu Ende geht. Jede Begegnung verstärkt die Sehnsucht und das Verlangen nach mehr.

Eine Beziehung beginnen

Einige Menschen wollen die Verliebtheit voll ausleben. Sie vereinbaren das mit der dritten Person und beginnen eventuell eine Beziehung. Wann wird eine Verliebtheit zu einer Beziehung? Beginnt es damit, dass man seine Gefühle der dritten Person offenbart? Oder wenn man beginnt, sich zu verabreden?

Ob man sich für oder gegen das Fremdgehen entscheidet, hängt von vielen Faktoren ab. Die eigenen Werte und Normen spielen hier eine zentrale Rolle. Außerdem haben die in der Gesellschaft vorherrschenden Überzeugungen einen Einfluss. Die Entscheidung, mit einer Person zusammen zu leben, bedeutet dann in den meisten Fällen, dass man eine ausschließliche Beziehung hat und keine Affären mit anderen beginnt.

Trotz aller Normen leben wir Menschen unser eigenes Leben. Ungeachtet der Risiken empfinden wir manchmal ein unwiderstehliches Verlangen. Die Emotionen siegen über den Verstand. Sie richten sich nach impulsiven Gefühlen, genau wie bei Freddy im nächsten Beispiel.

> **Freddy und seine erste Geliebte**
> Aus verschiedenen Gründen musste Freddy vor langer Zeit die Beziehung zu seiner Jugendliebe Ingrid beenden. Er war nicht gut genug für sie, sagt seine Mutter. Bei der Beerdigung ihres Vaters begegnet er ihr nach neunzehn Jahren zum ersten Mal wieder. Sie verabreden sich miteinander. Zwischen den beiden flammt erneut das Feuer auf. Nichts kann sie mehr aufhalten. Doch sexuell klappt es nicht. Er ist viel zu angespannt, da sie zu viel erwartet. Nach fünf Monaten berichtet Freddy: »Ich hätte besser erst nachdenken sollen, bevor ich handelte. Wenn ich jetzt sehe, was ich für ein Elend angerichtet habe! Für meine Frau ist alles aus und vorbei.«

Im Vergleich zu früheren Zeiten leben Partner heutzutage eher ihre Gefühle und Emotionen aus. »Folge deinem Herzen« ist ihr Motto. Wie wir aus der Geschichte von Freddy lernen können, handelte er zu schnell spontan aus dem Moment heraus. Dadurch hat er sich nicht klar gemacht, welche Folgen dies für seine Frau hat und wie sie daraufhin reagieren würde.

Die Gefühle des Partners berücksichtigen

Andere Menschen kalkulieren die Gefühle des Partners mit ein. Sie überlegen sich im Voraus, wie der Partner reagieren könnte oder welche Gedanken er sich machen würde. Manchmal sprechen sie das Thema an, ohne die Karten auf den Tisch zu legen.

> **Max unterdrückt seine stille Sehnsucht**
> Max (54) hat eine harmonische Familie mit vier inzwischen erwachsenen Kindern. Er hat sein Leben lang hart gearbeitet, so dass alle das bekommen konnten, was sie wollten. Zu Beginn der Ehe haben die beiden miteinander abgesprochen, dass Gerda ihren Beruf aufgibt und sich um die Kinder kümmert. Seit die Kinder nicht mehr zu Hause wohnen, hat Gerda Schwierigkeiten, ihrem Leben einen Sinn zu geben. Max ermutigt sie, einem Verein beizutreten. Doch sie fühlt sich zu Hause am wohlsten. Vor fünf Jahren lernte Max beim Chor Marieke kennen. Seit ihre Kinder aus dem Haus sind, ist sie voller Energie, sie genießt das Leben und ihre Freiheit. Marieke und Max sehen sich einmal in der Woche. Langsam beginnt eine spontane und intime Freundschaft. Sie können über alles reden. Marieke wünscht sich mehr von Max. Er ist verliebt, fühlt sich zu Marieke hingezogen und würde sein Leben am liebsten noch einmal von vorne beginnen. Mit Marieke wäre alles ganz anders geworden als mit seiner Frau.

> Eines Tages kommt Marieke zu Besuch und fragt Gerda, ob sie nicht auch im Chor singen möchte. Gerda vertraut ihr nicht. Sie empfindet es als ein Eindringen in ihre Privatsphäre. Sie teilt Max deutlich mit: »Wenn du etwas mit Marieke anfängst, bringe ich mich um.« Gerdas Worte erschrecken Max so sehr, dass er mehr auf Abstand zu Marieke geht. Seitdem unterdrückt er seinen geheimen Wunsch, mit Marieke zu schlafen.

Den Partner zum Fremdgehen ermutigen

Manche Menschen fragen den festen Partner, wie er es findet, wenn eine dritte Person ins Spiel käme. Andere ermutigen den Partner, einmal fremdzugehen. Sie hoffen, auf diese Weise einen Freibrief für einen eigenen Seitensprung zu bekommen. Sie versuchen, das Gleichgewicht dadurch zu wahren, dadurch sie beide gleichzeitig eine Affäre haben.

Soll ich es sagen? Oder es besser geheim halten?

Wenn ein Partner fremdgeht, steht er irgendwann vor der Frage, ob er es dem Partner mitteilen soll. »Soll ich sagen, dass ich verliebt bin oder dass ich eine Beziehung begonnen habe?« Darauf gibt es keine eindeutige Antwort.

Den festen Partner informieren

Manche Menschen halten sich an die (nicht immer ausdrücklich vereinbarte) Abmachung, keine Geheimnisse voreinander zu haben. Sie erzählen dem anderen von der Liebelei oder Affäre.

Indem man seine Gefühle und Erfahrungen dem anderen mitteilt, besteht die Möglichkeit, die Situation zu zweit zu verarbeiten, sofern man das möchte. Dadurch, dass man über die eigenen intensiven persönlichen Erlebnisse spricht, kann gleichzeitig auch mehr Nähe zwischen den Partnern entstehen. Aus Studien lässt sich ablesen, dass Männer dies als schwieriger empfinden als Frauen. Männer verarbeiten solche Erlebnisse eher allein, während Frauen ihre Erfahrungen lieber einer anderen Person mitteilen.

Viele Partner sagen ab einem gewissen Punkt: »Hätte ich es nur eher erzählt, wäre es nicht so schlimm geworden.« Viele Wunden und das Misstrauen entstehen gerade dadurch, dass man etwas zu lange geheim hält. Selbst wenn man das Gespräch gut vorbereitet, kommt es doch meist zu einer Krise in der festen Beziehung. Die Krise behandeln wir im Abschnitt zur dritten Phase.

Wir machen einen Unterschied, dem Partner mitzuteilen, dass man verliebt ist oder dass man eine andere Beziehung zu einer dritten Person hat.

Dem Partner mitteilen, dass man in eine dritte Person verliebt ist

Wenn man dem anderen frühzeitig mitteilt, dass man verliebt ist, hat dies einige Vorteile. Es hat sich noch nicht zu einer wirklichen Beziehung entwickelt. Alle Möglichkeiten stehen noch zu offen. Der Partner wird von Anfang an beteiligt an den inneren Prozessen des anderen. So wird einer Außenbeziehung vorgebeugt. Wer frühzeitig seine eigenen Gefühle mit dem Partner besprechen kann, entwickelt mehr Intimität zum Partner. Es hat allerdings auch Nachteile, den Partner über die Verliebtheit zu informieren. In manchen Fällen wird der Partner unnötig eifersüchtig oder beunruhigt. Eine Liebelei ist noch keine Beziehung. Darum sollte man versuchen, zusammen darüber zu sprechen und den Gefühlen Raum zu geben.

Dem Partner mitteilen, dass man eine andere Beziehung hat

Viele Menschen verheimlichen ihre (beginnende) Affäre. Oft scheint es die einfachste Lösung mit der geringsten Konfrontation zu sein. Man beschützt die neue Beziehung wie ein persönliches Gefühl. Man will den Partner nicht verletzen. Außerdem hat man Angst vor den Folgen. Manchmal fühlt man, wie die Unehrlichkeit und die Schuldgefühle an einem nagen. Ist es dann besser, mit offenen Karten zu spielen? Auf diese Frage gibt es keine grundsätzliche Antwort. Man kann nie von Vornherein wissen, ob es gut oder schlecht ist, die Wahrheit zu sagen. Im Nachhinein kann man dagegen beurteilen, was besser gewesen wäre.

Sowohl wenn man etwas verschweigt als auch wenn man etwas sagt, ist dies mit gewissen Risiken verbunden.

Hätte ich es bloß nicht gesagt!

Zu schweigen und das Geheimnis für sich zu behalten, ist nicht ohne Risiko. Doch auch wenn man es sagt, bringt es Gefahren mit sich. Das können wir an Henks Geschichte sehen.

Hätte ich doch nur nichts erzählt!
Henk ist ein 38-jähriger Zimmermann, und er führt regelmäßig Aufträge für eine Innenarchitektin aus. Sie bilden ein interessantes Duo. Er hat im Gegensatz zu ihr nicht studiert. Dafür ist er wiederum sehr praktisch veranlagt und hat eine eigene Firma gegründet. Sie gehen regelmäßig zusammen aus und haben auch hin und wieder Sex miteinander. Seine Schuldgefühle sind so stark, dass er es seiner Frau sagen muss. Sie reagiert viel stärker darauf, als er gedacht hatte. Sie stellt ihn vor ein Ultimatum: Entweder er kündigt das Arbeitsverhältnis mit seiner Freundin, oder er kann seine Sachen packen und gehen.

Henk erkennt im Nachhinein, dass er seine Affäre besser verschwiegen hätte. Die negativen Folgen lassen sich nicht mehr stoppen.

Manche Partner bedauern auch, dass sie mit ihren heutigen Lebenspartnern über frühere Beziehungen gesprochen haben, selbst wenn diese Beziehung schon lange vor der Zeit war, in der sie den jetzigen Partner kennen gelernt hatten.

Karin und ihre dritte Ehe
Karin hatte bisher viel Pech in ihrem Leben. Ihre erste Ehe war nach sieben Monaten vorbei. Ihr damaliger Mann hatte sie unter Druck geheiratet, um schnell sein Elternhaus verlassen zu können. Beide erkannten schon bald, dass sie nicht füreinander bestimmt waren. Nach drei Jahren heiratete sie wieder und bekam ein Kind. Ihr zweiter Mann starb jedoch bei einem Verkehrsunfall. Sie lebte drei Jahre lang allein mit ihrer Tochter und arbeitete nebenbei. Bei einer Veranstaltung für allein Stehende begegnete sie einem Witwer mit drei Kindern. Die beiden entwickeln eine Beziehung miteinander. Zuerst leben sie noch getrennt, aber nach vier Jahren entschließen sie sich zusammenzuziehen. Als Zeichen ihres Bandes beschließen sie, ganz offen über die Vergangenheit zu sprechen und dem anderen alles zu sagen. Karin erzählt zum ersten Mal, dass sie während ihrer zweiten Ehe einmal Sex mit ihrem Nachbarn gehabt hat. Diese Episode hat sie bisher niemandem anvertraut. Oft hat sie sich deswegen

---

schuldig gefühlt und erlebt es jetzt als enorme Erleichterung, dieses Geheimnis endlich jemandem mitzuteilen. Am ersten Abend ist ihr fester Partner sehr glücklich und dankbar wegen ihrer Offenheit. Am nächsten Morgen jedoch ist die Hölle los: Er könne ihr nun nicht mehr vertrauen. Zwei Monate später trennen sich die beiden.

Verschweigen

Manchmal ist die Beziehung nicht stark genug, um das Eingeständnis einer Affäre zu verkraften. Selbstverständlich will man dieses Risiko nicht eingehen. Wenn die Folgen einer Affäre in einer früheren Beziehung so heftig sein können wie in Karins Beispiel, ist es verständlich, dass aktuelle Liebesbeziehungen ebenso katastrophale Folgen haben können.

Manche Menschen erkennen, dass sie an dem Punkt, an dem sie ihre Affäre eingestehen, einen Entschluss fassen müssen. Vielleicht wollen oder können sie das aber nicht. Auf diesen Aspekt kommen wir später noch zurück.

Die Mehrheit vermeidet es, dem Partner die Wahrheit über eine Affäre zu erzählen, um ihn vor den Schmerzen und der Trauer zu bewahren, die sie in dem anderen auslöst. Dieses Argument hören wir sehr häufig. Anscheinend sorgt sich der Partner, der fremdgeht, auf der einen Seite um seinen Partner, aber auf der anderen Seite sieht er auch ein, dass dem Partner Unrecht angetan wird. Vielleicht hofft der untreue Partner darauf, dass sich alles in Luft auflöst und der andere Partner gar nichts von der ganzen Sache erfährt.

Diskussion

Die Beziehung zu einer dritten Person beichten oder sie verschweigen?

Fons: Früher dachte ich, dass man unter allen Umständen mit seinem festen Partner über eine Beziehung zu einer dritten Person sprechen sollte.

Maureen: Ja, wir waren davon überzeugt, dass Offenheit und Ehrlichkeit eine Grundvoraussetzung für eine feste Beziehung sind. Inzwischen haben wir erkannt, dass es für die Beziehung durchaus auch schädlich sein kann, alles zu beichten. Das Problem ist: Man weiß oft erst im Nachhinein, ob es gut war, den Partner zu informieren. Die Folgen kann man im Voraus nicht abschätzen. Eine Beziehung muss das aushalten können.

Fons: Woher weißt du dann, ob die Beziehung es verkraften kann, wenn man eine Affäre gesteht? Macht es einen Unterschied, ob man schon früher mit schwierigen Situationen konfrontiert war und diese gut miteinander besprechen konnte?

Maureen: Was sicherlich auch eine Rolle spielt, ist die Art der Beziehung mit der dritten Person. Handelt es sich um eine abgeschlossene Affäre, ist es weniger bedrohlich für die Beziehung. Einige Partner beichten ihre Beziehungen zu Dritten, weil sie die Schuldgefühle nicht ertragen. Dann ist die Beichte eher dazu da, die eigenen Bedürfnisse zu befriedigen, und dazu, dem anderen wirklich alles mitzuteilen. Ich denke dabei zum Beispiel an wieder verheiratete Paare. Ein Partner ist dann nach einer gewissen Zeit, in der das Vertrauen zueinander gewachsen ist, sehr offen und erzählt über seine Liebesaffären in der Zeit zwischen der ersten Ehe und der jetzigen Beziehung. Das kann sehr verletzend auf den heutigen Partner wirken, woraufhin dieser sich abgrenzt. Wegen dieser Umstände ist es nur zu verständlich, dass Menschen ihre intimen Gefühle und Erfahrungen nur sehr vorsichtig anderen mitteilen.

Fons: Die Folgen einer solchen Mitteilung an den Partner sind also nicht vorhersehbar.

Maureen: Um eine ganz andere Situation handelt es sich, wenn die Affäre noch voll im Gang ist. Der Partner spürt dann etwas und beginnt, Fragen zu stellen. Der andere streitet alles ab. Der erste Partner gibt sich aber nicht mit der Antwort zufrieden. Der untreue Partner streitet aber auch weiterhin alles ab. Gelangt später dann doch die ganze Geschichte ans Tageslicht, kommt es meist zu einer Katastrophe.

Fons: Was ist die beste Regel: gestehen oder schweigen?

Maureen: Auf diese Frage gibt es keine eindeutige Antwort. Mein Ratschlag ist: Überlegen Sie es sich gut, welche Vor- und Nachteile es mit sich bringt, es dem Partner zu erzählen! Wägen Sie alle Aspekte sorgfältig gegeneinander ab, ehe Sie mit Ihrem Partner reden.

Fons: Wie kommt es, dass sich unsere Meinung im Laufe der Zeit verändert hat? Früher dachten wir ja übereinstimmend, dass es in allen Fällen besser sei, mit offenen Karten zu spielen.

Maureen: Wir haben in unseren Therapiesitzungen die Folgen beobachten können. Paare, bei denen eigentlich alles sehr gut lief, lebten sich dadurch, dass ein Partner eine Affäre gestand, völlig auseinander. Das war dann die wahre Hölle.

Fons: Was war denn so destruktiv? Die eigentliche Affäre oder das Geständnis? Ich bin der Meinung, dass man sich in einer gut laufenden Beziehung alles sagen können sollte. Allerdings ist der Zeitpunkt ausschlaggebend. Ich spreche davon, sich alles sagen zu *können*, nicht alles sagen zu *müssen*.

Maureen: Vielleicht haben wir eine zu hohe Erwartungshaltung gegenüber einer Beziehung? Man muss die Freiheit haben, alles sagen zu können. Aber es sollte keine Verpflichtung sein.

Fons: Das bedeutet, dass das eigentliche Problem das Geständnis dem Partner gegenüber ist.

Maureen: Versteh mich nicht falsch! Ich bin nicht dafür, Dinge zu verschweigen. Absolut nicht! Jedoch kann es Nachteile haben, wenn man darüber spricht. Wenn die Affäre nie ans Licht kommt, ist es natürlich kein Problem. Dann hat das keine direkten Folgen für die Beziehung. Es bleiben jedoch vielleicht Schuldgefühle zurück. Kommt die Affäre später ans Licht, kann es zu Verbitterung führen bis hin zu unüberwindbarem Groll.

Fons: Ein Nachteil, wenn man es verschweigt, ist, dass man Abstand zum Partner hält, selbst wenn es nicht ans Licht kommt. Es bedeutet eine gewisse Entfremdung.

Maureen: Aber was geschieht, falls es doch bekannt wird, wenn man es entweder später selbst erzählt oder andere es dem Partner verraten?

Fons: Viele sagen, dass das Verschweigen und das Leugnen schlimmer sind als die Beziehung selbst. Wie viele Affären kommen früher oder später ans Licht? Ich schätze acht von zehn Affären.

Maureen: Ich habe keine Ahnung.

Sowohl wenn man eine Affäre verschweigt als auch wenn man sie anspricht, ist dies mit Gefahren verbunden. Manche Partner sind sich darüber klar, dass etwas nicht stimmt. Sie stellen Fragen, aber bekommen keine befriedigende Antwort.

Der Partner mit der Affäre leugnet alles. So kann es zu einer Wechselwirkung zwischen den beiden kommen: Der eine Partner spricht immer wieder seine Vermutungen aus, der andere streitet stets alles ab, da er Angst hat, die Wahrheit auszusprechen. In der Praxis konnten wir beobachten, dass sich dieser Prozess manchmal monatelang hinziehen kann. So kommen wir zur zweiten Phase: dem Vermuten und dem Leugnen.

Phase 2: Vermutungen und Verleugnen

Wie im vorigen Kapitel deutlich wurde, gibt es verschiedene Gründe, warum ein Partner seine Liebelei oder Affäre mit einer dritten Person seinem festen Partner gegenüber (noch) nicht gesteht.

Viele Partner haben ein Gespür für die kleinsten Veränderungen beim anderen. So vermuten sie schon schnell, dass da irgendetwas im Gang ist, mehr als der Partner selbst eingesteht. Manche Partner wissen sogar, dass der andere verliebt ist, bevor dieser seine frischen Verliebtheitsgefühle erkennt.

Verschiedene Zeichen

Unterschiedliche Anzeichen können den einen Partner auf die Spur einer möglichen Verliebtheit des anderen Partners bringen. Der untreue Partner kritisiert plötzlich unerklärlicherweise vieles in der Beziehung. Nichts stellt ihn zufrieden. Die Lust am Sex nimmt plötzlich zu oder im Gegenteil ab. Der Partner meidet den sexuellen Kontakt oder drängt nicht mehr darauf, zusammen ins Bett zu gehen. Manche Partner haben Sex eher aus einem Schuldgefühl heraus (Luyens 1997). Die Person, die fremdgeht, kommt erst spät nach Hause oder ist viel unterwegs. Sie kümmert sich stärker als vorher um das Äußere, die Frisur oder die Kleidung. Der Partner ist nicht mehr an gemeinsamen Aktivitäten interessiert. In manchen Fällen schlägt der untreue Partner dem anderen vor, eine Affäre zu beginnen.

Der andere Partner wird durch diese Anzeichen aufmerksam. Er äußert seine Vermutung und stellt regelmäßig Fragen zum Verhalten des untreuen Partners. Die ständige Spannung mit Unsicherheit und Argwohn ist nur schwer zu ertragen. Manche Partner geben an diesem Punkt zu, dass sie fremdgehen. Dadurch wird alles eindeutig. Dann gibt es keinen Zweifel mehr. Wenn der Partner seine Beziehung zu einer dritten Person eingesteht, fällt oft eine ungeheure Last weg. Nun kann man zusammen den Tatsachen ins Auge sehen. Die Affäre gegenüber dem Partner einzugestehen, ist eine der wenigen Möglichkeiten, den Prozess zusammen zu verarbeiten, wenn man es möchte.

Die Vermutung und das Abstreiten

Andere Partner streiten weiterhin alles ab. Der Partner, der das Gefühl hat, dass der andere fremdgeht, hat meist auch Recht. Er stellt alle mögliche Fragen und versucht, eine Erklärung für seine Vermutungen zu finden. Der Partner mit der Affäre weist alle Beschuldigungen zurück. Man will den Partner nicht verletzen oder hat Angst vor einem Wutausbruch. Der eine Partner fragt immer weiter, und der andere streitet weiterhin alles ab. So kann es sich jahrelang hinziehen. Man vermeidet in der Situation, dass es zu einem Gefühlsausbruch kommt. Aber kommt dann nach einer langen Zeit die Wahrheit ans Licht, hat das Leugnen einschneidende Folgen. Viele Partner erleben es als äußerst verletzend. So kommt es doch noch zu einer Eskalation. Immer wieder hören wir in unserer Praxis: »Dass der andere es so lange trotz all meiner Bemühungen verschwiegen hat, das ist das Schlimmste, was mir je zugestoßen ist.« Viele Partner sind danach zutiefst erschüttert, da sie es nicht wussten. Das Verheimlichen ist oft schlimmer als die Affäre selbst.

In manchen Fällen wird die Affäre verschwiegen, weil der Partner doch so schnell wie möglich damit aufhören will oder sie schon beendet hat. Beziehungen zu Dritten können in dem Sinne auch sehr unscheinbar, vorübergehend oder uneindeutig sein. Manchmal sind sie gleichzeitig an und aus. Dadurch wird es schwieriger, darüber zu sprechen; denn eine Tatsache, die nicht eindeutig ist, kann man nur schwer eindeutig mitteilen.

Es setzt auch einen gewissen Mut voraus, seinem Partner zu gestehen, dass man fremdgeht. Selbst großen Persönlichkeiten in leitender Stellung in Politik oder Wirtschaft, die regelmäßig und problemlos Konflikte besprechen, gelingt es nicht, der Person, die sie lieben und mit der sie jahrelang zusammenleben, ganz einfach die Wahrheit zu sagen. Vielleicht spielen hier noch andere Gefühle eine Rolle; dadurch wird der Partner als eine Autorität oder ein sehr verletzliches Wesen erfahren. Therapeuten nennen diese Gefühle, bei denen man Menschen anders wahrnimmt, als sie in

Wirklichkeit sind, »Übertragung«. Heutige Gefühle gegenüber dem Partner werden durch frühere (Kindheits-)Erfahrungen eingefärbt. Man sieht den Partner durch eine verzerrte Brille. Er wird als böser oder verletzlicher wahrgenommen, als er in Wirklichkeit ist.

So entsteht ein Teufelskreis aus Argwohn und Misstrauen. Durch das Leugnen bleiben die Zweifel meist bestehen. Der andere wird nur teilweise oder für kurze Zeit beruhigt.

Der Teufelskreis des Misstrauens

Misstrauisch geworden wegen all der Veränderungen, spricht der Partner seine Vermutung aus. Der untreue Partner streitet alles ab oder gesteht nur die halbe Wahrheit. Je mehr er verschweigt und je weniger eindeutig die Aussagen werden, desto mehr misstraut der andere Partner ihm. Und je stärker das Misstrauen ist, desto schwieriger wird es, die Wahrheit einzugestehen. Der beunruhigte Partner spürt, dass etwas im Gang ist. Aber der Partner mit der Affäre leugnet alles.

Dass die Tatsachen verborgen werden, empfindet der eine Partner als schlimmer als die Affäre selbst. Die anhaltende Spannung zwischen Unklarheit und Misstrauen ist nur schwer auszuhalten.

Manchmal bleiben die Partner für lange Zeit in diesem Teufelskreis gefangen. Der feste Partner vermutet etwas, der andere leugnet es. Der feste Partner fühlt sich hilflos. Dadurch, dass ständig nachgefragt und nach der Wahrheit geforscht wird, wird der Abstand zwischen den beiden noch größer. Das kann beim untreuen Partner zu Gereiztheit und Ablehnung führen. So wird die Chance, dass er die Wahrheit sagt, immer geringer. Die Angst vor einem emotionalen Ausbruch des festen Partners und vor den möglichen negativen Folgen wird immer größer.

Eifersucht ist positiv

Ein gewisses Misstrauen bei einer Liebesbeziehung des Partners oder bei plötzlichen Veränderungen in der Partnerschaft ist eine normale Reaktion. Wenn der Partner eine Affäre abstreitet, heißt das noch lange nicht, dass er auch keine Affäre hat. Einige Partner haben sehr gut funktionierende Antennen. In unseren Therapiesitzungen konnten wir feststellen, dass in den meisten Situationen noch viel mehr dahintersteckt, als ursprünglich zugegeben wird. Wenn ein Partner, der früher nie besonders eifersüchtig war, durch entsprechende Veränderungen in der Beziehung auf einmal Gefühle von Eifersucht erlebt, ist das nicht verkehrt.

Häufig wird zu Unrecht verallgemeinernd behauptet, dass Eifersucht und die Angst, den Partner zu verlieren, auf ein schwaches Selbstwertgefühl oder einen Mangel an Selbstvertrauen hindeuten. Ein geringes Selbstwertgefühl kann allerdings bei Eifersucht eine Rolle spielen. Die Gefühle können ihren Ursprung in nicht ausreichender Liebe und Aufmerksamkeit während der Kindheit haben. Doch wenn die Eifersucht in einer Situation aufkommt, in der wirklich eine Gefahr droht, den Partner an eine dritte Person zu verlieren, ist es fehl am Platz, einen Zusammenhang mit Erfahrungen als Kind oder mit einem schwachen Selbstbild zu konstruieren. In einer solchen Situation ist Eifersucht völlig gerechtfertigt. Eifersucht bedeutet, dass der Partner einem noch etwas bedeutet. Gleichgültigkeit hingegen verweist eher darauf, dass der Partner nicht mehr einen so wichtigen Platz einnimmt und dass man auch ohne ihn leben könnte. In dieser Hinsicht ist es etwas *sehr Positives*, wenn man eifersüchtig wird.

> **Eifersucht ist positiv:**
> »Du bedeutest mir viel, ich will dich nicht verlieren!«

Es ist sinnvoll, sich die Frage zu stellen, ob man *eifersüchtig oder eher neidisch* ist. Im ersten Teil des Buchs haben wir schon einige Fragen angesprochen: Habe ich Angst, den Partner zu verlieren (bei Eifersucht)? Oder will ich lieber das von meinem Partner bekommen, was der Dritte jetzt erhält (bei Neid)? Bei Neidgefühlen ist das Problem nicht so sehr der dritte Partner, sondern eher das Verlangen nach Aufmerksamkeit, Zuneigung, Sex und Verständnis. Allerdings könnte man dann besser den Partner direkt darum bitten.

Oft beschuldigen die untreuen Partner allzu leicht ihre festen Partner, dass sie sich zu sehr am Dritten orientieren. In Ausnahmefällen kann der eine Partner *pathologisch eifersüchtig* sein. Damit meinen wir, dass die Eifersucht nicht durch das Verhalten des untreuen Partners entsteht, sondern aus der Sorge der eifersüchtigen Person selbst. Bei einer krankhaften Eifersucht haben die Gefühle nichts mit den Tatsachen zu tun. Die eifersüchtige Person reagiert auf etwas Eingebildetes. So wird eine gesunde Beziehung unmöglich gemacht. Eine pathologische Eifersucht ist oft schon vor der Beziehung, vor dem Zusammenleben oder der Ehe erkennbar. Häufig kann man zu Anfang der Beziehung, bei den ersten Treffen schon feststellen, dass der andere auf ganz normale Handlungen des anderen extrem reagiert: Er beschuldigt beim Tanzen mit einer anderen Person, einem zufälligen Gespräch auf der Straße, einer Besprechung mit einem Kollegen oder bei einem Gruppengespräch, sich zu sehr einer Person zugewendet zu haben etc.

Krankhafte Eifersucht ist auch für den eifersüchtigen Partner selbst eine Last. Eifersüchtige Personen leiden so unter der Vorstellung, den Partner verlieren zu können, dass sie außergewöhnlich stark reagieren. Aber erreichen sie dadurch, dass sie sich an dem anderen festklammern, genau das Gegenteil von dem, was sie sich eigentlich wünschen. Die Chance, den anderen zu verlieren, wird dadurch größer. Auch zu Gewalt in Paarbeziehungen kommt es oft durch pathologische Eifersucht. In einigen Fällen gelingt es dem eifersüchtigen Partner sogar, den anderen in seinen Wahn einzubeziehen. Dann glauben beide an die Bedrohung durch die Außenwelt, die ihre Beziehung auseinander bringen könnte. Sie verlieren sich in einer paranoiden Beziehung, in der die Außenwelt als schlecht und bedrohlich gesehen wird.

Bei einer pathologischen Eifersucht ist eine Behandlung mit Medikamenten und/oder Psychotherapie sowohl für die betroffene Person als auch die Partner notwendig. Allerdings sieht die Person, die die Hilfe wirklich braucht, nicht ein, dass sie krank ist. Pathologisch eifersüchtige Menschen sind felsenfest von ihren Wahnvorstellungen überzeugt, so dass sie alle Hilfe zurückweisen. Da es keinen Ausweg zu geben scheint, können solche Beziehungen zu gewaltsamen Ausschreitungen bis hin zu Mord führen.

Wie kann der Teufelskreis aus Vermutungen und Leugnen durchbrochen werden?

Für Paare, die im Teufelskreis aus Vermutungen und Leugnen gefangen sind, kann es hilfreich sein, wenn sie behutsam die Meinungen des anderen erkunden. Wie wäre es für uns, wenn einer von uns fremdgeht? Sie können zu zweit besprechen und vereinbaren, wie weit man Freundschaften zu Dritten beginnen kann. Manche Paare haben schon klar und deutlich über Regeln gesprochen. Andere Paare vereinbaren, dass eine Beziehung mit Dritten eventuell möglich sein sollte. Diese Regeln können aber auch noch nuanciert und dadurch sehr unterschiedlich sein: »Jeder von uns kann eine Beziehung mit einer anderen Person haben unter der Voraussetzung, 1) dem anderen nichts darüber zu erzählen, 2) dem anderen alles zu erzählen, 3) nicht zu viel für den anderen zu empfinden, 4) die Beziehung mit dem festen Partner nicht zu gefährden oder 5) den festen Partner rechtzeitig zu warnen, wenn die Affäre zu einer Bedrohung für die Beziehung werden sollte.« In vielen Fällen werden solche Absprachen erst getroffen, wenn es schon zu einer Art Kontakt mit einer anderen Person gekommen ist. Das Schwierige bei solchen Vereinbarungen ist der emotionale Aspekt. Man kann nicht vorhersagen, welche Gefühle eine Affäre mit sich bringt oder beim anderen auslöst. Wann wird etwa eine Affäre zu einer Bedrohung für die Beziehung?

Verschiedene Studien zeigen, dass Paare, die von Anfang an beschließen, keine Beziehungen mit anderen einzugehen, weniger geneigt sind fremdzugehen.

In der hier beschriebenen zweiten Phase probieren die Partner, die etwas vermuten, alles aus, um die Beziehung zu stärken. Sie sind sehr sensibel für jede Form von Abstand. Oft kritisieren sie, dass der andere zu wenig Zeit zusammen mit ihnen verbringt, eine zu geringe Zuneigung zeigt oder kein sexuelles Interesse hat. Der Partner, der fremdgeht, wird das abstreiten und behaupten, dass alles so sei wie früher.

Manche Partner haben eine gewisse Vorahnung, sprechen diese aber nicht aus. Ein Beispiel dafür ist Jeannette.

Die Vorahnung wird nie ausgesprochen

Jeannette kommt mit 72 Jahren auf Anraten ihrer Enkelin zu einem Gespräch. Die Enkelin studiert Psychologie und konnte die Großmutter davon überzeugen, einen Therapeuten aufzusuchen. Jeannettes Mann ist vor zwei Jahren mit 79 nach langer Krankheit gestorben. Im nächsten Sommer wären sie 50 Jahre verheiratet gewesen. Sie hatten eine enge Beziehung. Durch die Krankheit hat sich ihre Zuneigung füreinander noch verstärkt. Seit dem Tod kommt sie nur noch selten nach draußen und wird regelmäßig von Tränenausbrüchen überwältigt. Im ersten Gespräch wird deutlich, wie sehr sie ihren Mann idealisiert. Ohne ihn hat ihr Leben keinen Sinn mehr. Nach einigen Monaten Therapie gibt sie zu, dass nicht alles so ideal war. Zum ersten Mal nach 34 Jahren berichtet sie, dass sie auch eine sehr schwierige Phase in der Beziehung durchgemacht hat. Sie hat nie mit ihrem Mann darüber gesprochen. Sie ist überzeugt davon, dass er mit einiger Sicherheit vier Jahre lang eine Beziehung mit ihrer Schwester hatte. Ihre Schwester war nicht verheiratet und half manchmal im Haushalt. Jeannette hatte Angst gehabt, dass alles noch schlimmer werden würde, wenn sie ihren Mann danach gefragt hätte. Und sie wollte auch ihre Schwester nicht verlieren. »Wir waren es damals nicht gewohnt, miteinander zu reden. Heutzutage sind die Menschen viel offener, vor allem bei solchen Dingen«, sagt sie. Sie hat während der ganzen Jahre ihre Sorgen und Trauer darüber für sich bewahrt, und beinahe schien es auch überwunden zu sein. Doch hat sie jetzt das Gefühl, dass das alles noch nicht verarbeitet ist. »Vielleicht kann ich jetzt darüber sprechen. In den letzten Wochen vor seinem Tod, gestand er mir, dass er mir das Leben nicht immer leicht gemacht hat.« Er hat sie verletzt, aber kein anderer Mensch hätte so viel für ihn getan wie sie. »Seine Worte bestätigten meine Vermutung, dass ich die ganzen Jahre über Recht hatte. Vielleicht wollte ich auch gar nicht mit ihm darüber sprechen, da die Wahrheit dann zu schmerzhaft gewesen wäre.«

Eine Beziehung zu einer dritten Person ist eine sehr komplexe Sache. Man kann sich nie sicher sein, ob der feste Partner etwas ahnt, aber so tut, als wüsste er nichts, oder ob er lieber gar nicht wissen will, was sich da abspielt.

Phase 3: Aufdeckung, emotionale Ausbrüche und unüberlegte Reaktionen

Die Anspannung steigt mit der anhaltenden Unsicherheit zwischen dem Vermuten und dem Entdecken. Je länger die Affäre geheim gehalten wird, desto schwieriger wird es, die Wahrheit zu sagen. Auf der anderen Seite wird die Anspannung unerträglich, so dass ein Geständnis unvermeidlich wird.

Obwohl der eine Partner behauptet, er habe keine Affäre, lässt sich der andere Partner in der festen Beziehung nicht beruhigen. Er geht auf die Suche nach einer Erklärung für das unbestimmte Gefühl. In manchen Fällen werden sogar die Dienste eines Detektivs in Anspruch genommen. Bei anderen wird die Nebenbeziehung zufällig entdeckt: Durch eine seltsame Geldsumme, die vom gemeinsamen Konto abgebucht wurde, durch einen zufälligen Anruf, durch einen Freund oder eine Freundin, die etwas verraten, durch ein unbekanntes Taschentuch in der Wäsche, durch neue Kleider, durch spätes abendliches Nachhausekommen, durch eine Restaurantrechnung ... durch den Schlüssel eines Hotelzimmers in Luxemburg, der unglücklicherweise aus der Jackentasche auf den Parkettboden fällt. Durch diese ungeplanten Ereignisse kann der Partner mit der Beziehung die Wahrheit nicht länger vertuschen. Die Spannung wegen der Heimlichtuerei ist unerträglich, und die Wahrheit käme früher oder später doch ans Licht. Für andere Partner ist das Schuldgefühl nicht mehr auszuhalten. Darum beichten sie die Affäre dem festen Partner. Bei anderen Menschen ist die Aufrichtigkeit dem Partner gegenüber die Grundlage der Beziehung. Da Offenheit gegenüber dem Partner für sie im Mittelpunkt steht, erzählen sie von der Affäre, auch wenn es ihnen nicht leicht fällt.

Diskussion

Was ist so verletzend daran, dass der Partner eine Beziehung zu einer dritten Person hat?

Fons: Was macht eine Außenbeziehung eigentlich so schlimm? Warum leiden Menschen so darunter?

Maureen: Das hängt mit den Normen und Werten zusammen, mit den unausgesprochenen und den ausdrücklichen Normen.

Fons: Ich denke, dass es nicht nur eine Frage der Werte ist. Es handelt sich um etwas Grundsätzlicheres. Schließlich wird man so tief getroffen!

Maureen: Für die meisten Paare ist das tatsächlich so. Aber ich habe auch andere Paare kennen gelernt, die sagen, dass sie eine offene Beziehung wollen. Sie geben sich die Freiheit. Sie haben nicht die Norm der Ausschließlichkeit wie die meisten Paaren.

Fons: Aber was ist dann so verletzend?

Maureen: Dass man sich zur Seite geschoben fühlt? Dass man für den anderen nicht mehr der Wichtigste ist? Jeder will doch zumindest für eine Person das Wichtigste sein.

Fons: Wirklich? Und wenn diese Idee zerbricht und man nicht mehr das Wichtigste ist, ist das dann so schmerzhaft?

Maureen: Auch unsere Kultur hat da einen Einfluss. Menschen sind nicht von Natur aus monogam.

Fons: Aber warum ist es so schmerzhaft?

Maureen: Ist es der Schmerz der Eifersucht, die Angst, den anderen zu verlieren?

Fons: Eifersucht ist noch ein weiterer Faktor. Zum Schmerz kann auch bei einer Person kommen, die keine Angst hat, den Partner zu verlieren. Auch wenn man weiß, dass der andere nicht weggehen wird. Es geht eher um einen Verlust von etwas, was man einzig und allein mit diesem Partner geteilt hat. Und dieses Etwas geht jetzt auf eine andere Person über.

Maureen: Das klingt sehr besitzgreifend!

Fons: Was man zusammen aufgebaut hat, was man nur mit dem anderen ausgetauscht hat, das geht plötzlich auf eine dritte Person über. Das tut weh.

Reaktionen bei der Aufdeckung

Reaktionen des festen Partners

Die Reaktionen des festen Partners sind meist sehr heftig und oft unvorhersehbar. Einige Faktoren können allerdings die Art und Stärke der Reaktion beeinflussen: persönliche Reife, Hingabe an den Partner, das Wertesystem, Kinder, die finanzielle Situation; und dann ist da noch die Frage, ob es sich um die erste Konfrontation mit Untreue handelt oder ob es schon mehrmals geschehen ist.

Die meisten Partner, die vom Fremdgehen des Partners erfahren, sind zutiefst *gekränkt*. Sie fühlen sich verraten, beschämt, bedroht, betrogen und verloren. Ihr Vertrauen ist dahin und das Selbstwertgefühl stark angegriffen. Sie werden überwältigt von einer ganzen Fülle von Gefühlen. Diese Emotionen sind unglaublich intensiv. Gefühle der Ernüchterung, Wut und Angst wechseln sich miteinander ab.

Die tiefe Kränkung ruft bei den meisten Menschen eine starke *Aggression und Wut* hervor. Das Spektrum der wütenden Reaktionen reicht von Rachegedanken bis zu tiefer Entrüstung. Manche Personen werden zum ersten Mal in ihrem Leben mit einer Wut eines Ausmaßes konfrontiert, wie sie es noch nie zuvor erlebt haben.

Im Allgemeinen neigen Männer eher als Frauen dazu, die Aggressionen nach außen und damit die Wut auf den Partner zu richten. So kann es im Extremfall auch zum Mord kommen. Frauen kehren dagegen die Aggression mehr nach innen. Sie fragen sich, ob sie als Partner dem anderen vielleicht nicht gerecht geworden sind. Selbstmordgedanken, -drohungen oder -versuche findet man häufiger bei Frauen. Es kann dann eine Notaufnahme erforderlich sein. Pathologisch eifersüchtige Menschen richten die Aggressionen eher auf den Partner. Andere wenden die Wut auf die dritte Person. Der Rivale hat Schuld! Dadurch, dass man alle schlechten Eigenschaften der dritten Person zuschreibt, kann man den eigenen Partner besser akzeptieren. Der Dritte hat den Partner verzaubert oder verführt. Dabei wird allerdings vergessen, dass an einer Beziehung immer zwei Personen beteiligt sind.

Bei der Entdeckung einer Außenbeziehung kann es auch zum Ausbruch von Gefühlen kommen, die jahrelang unterdrückt wurden. Wie im

Beispiel bei Mark können diese unterdrückten Gefühle wie in einer *Flutwelle* nach oben kommen.

Mark geht jedem Streit aus dem Weg

Mark (47) ist mit Cindy (40) verheiratet. Cindy war in ihrer Beziehung immer in der dominanten Rolle. Sie ist die Chefin der Familie. Alles geschieht nach ihrem Willen. Obwohl Mark mit vielen Entscheidungen nicht einverstanden, hat er doch immer zugestimmt. Er erträgt keine Auseinandersetzungen. Streit ist für ihn der Anfang vom Ende. Doch als er eines Tages zufällig entdeckt, dass Cindy eine andere Beziehung hat, ist er außer sich. Wochenlang ist er rasend vor Wut. Cindy versteht zwar, dass es eine schmerzliche Entdeckung für ihn ist. Aber sie begreift nicht, warum er so verletzt ist und so lange so heftig reagiert. Mark ist tief gekränkt, dass Cindy ihm dies antut, nachdem er seine eigenen Interessen jahrelang für sie zurückgestellt hat.

Die Entdeckung von Cindys Affäre bringt alle unterdrückten Gefühle der letzten Jahre an die Oberfläche.

Auch für Heide ist die außereheliche Beziehung ihres Mannes der Tropfen, der das Fass zum Überlaufen bringt.

Heide ist voller Hingabe

Heide hat sich jahrelang für ihre Familie eingesetzt. Ihr Mann wollte eine Frau, die sich – genau wie seine Mutter – um den Haushalt kümmert und die Kinder versorgt. Zu Beginn zweifelte sie an dieser Rollenverteilung. Ihre Mutter hatte auch immer gearbeitet, obwohl sie Kinder hatte. Sie selbst hat es nie als Nachteil gesehen. Doch da ihr Mann so darauf bestand, hat sie ihre Arbeit aufgegeben. Er war oft im Ausland. Als sie hörte, dass seine Sekretärin schon zum vierten Mal mit auf Reisen ging, brach der Ärger aus ihr heraus. Sie hielt sich nicht mehr zurück. Es kam zu einer Gefühlsexplosion: »Ich habe meine Arbeit für ihn aufgegeben und mich ihm immer untergeordnet! Es ist doch einfach nicht die Möglichkeit! Jetzt habe ich genug!«

Viele Menschen sind einfach *zutiefst enttäuscht* und empfinden eine Riesentrauer, Trauer über den Verlust der romantischen Vorstellung vom idealen Partner. Sie sind meist sehr geduldig und voller Verständnis. Sie stellen sich die Frage nach ihrer eigenen Verantwortung und setzen alles daran, den Partner nicht zu verlieren.

Gerd wird vom Thron gestoßen

Gerd ist 59 Jahre alt und immer treu gewesen. Seine Familie geht ihm über alles. Als er seine Frau Lena kennen lernte, war sie verheiratet und hatte einen zehnjährigen Sohn. Der Entschluss war schnell gefasst: Nach einem Jahr verließ Lena ihren Mann, der nie Zeit für sie hatte. Sie hatte immer schon das Gefühl gehabt, das sie ihn besser nicht hätte heiraten sollen. Es war ein falscher Entschluss. In der Beziehung zu Gerd ging alles sehr gut. Sie waren optimal aufeinander eingespielt. Lena war immer für ihn da. Er akzeptierte ihren Sohn wie sein eigenes Kind. »Wir waren das ideale Paar. Wir unterstützten uns in allen Lebenslagen, hatten die gleichen Interessen und stritten uns nie. Ich erfuhr über meinen Sohn, der zufällig ein Gespräch mit angehört hatte, dass Gerd eine Beziehung zu einer viel jüngeren Frau hat. Ich konnte es einfach nicht glauben, und doch stimmte es. Ich bin nie böse auf ihn gewesen, aber das ist jetzt anders. Ich bin einfach so enttäuscht von ihm. Er ist für mich vom Thron gestoßen worden. Ich weiß nicht, ob ich ihm je wieder vertrauen kann.« Lenas Enttäuschung ist groß.

Andere Menschen empfinden vor allem Angst, im Stich gelassen zu werden. Manche halten krampfhaft an der Beziehung fest und probieren alles, den Partner wieder zurückzugewinnen. Sie sind sofort bereit, sich an die Wünsche des Partners anzupassen, und tun ihr Bestes, um sich zu ändern.

Jetzt muss es schnell gehen

Lukas (37) hat Probleme mit vorzeitiger Ejakulation. Er will dringend eine Lösung finden. Sofie (39) drängt ihn schon seit Beginn der Beziehung, zum Hausarzt zu gehen. Lukas hat das immer vor sich hingeschoben und eine Ausrede dafür gefunden, dass er nicht zum Arzt geht. Er wollte nicht über Sex sprechen. »Das müssen wir zusammen lösen«, war seine Devise. Sofie sagte auch oft, dass es so nicht weiterginge. Für sie ist der sexuelle Kontakt sehr wichtig. Da er aber so früh einen Samenerguss hat, kann sie das Zusammensein kaum genießen. Sie hat zu wenig Zeit, um sich wirklich gehen zu lassen. Eines Tages berichtet Sofie aus heiterem Himmel, dass sie starke Gefühle für einen Kollegen hegt. Sie will für sich selbst herausfinden, ob es nun an ihr liegt, dass sie nicht genießen kann, oder ob es Lukas' Schuld ist. Lukas ist davon sehr überrascht und erschrocken. Er will

---

> plötzlich alles tun, um sie nicht zu verlieren. Für ihn ist der Kollege nun ein
> Rivale. Zwei Tage später geht Lukas aus eigenem Antrieb zum Hausarzt …

Ähnlich wie in dieser Situation gibt es auch Frauen, die es jahrelang vermeiden, über ihr Sexualleben und ihre Unzufriedenheiten zu sprechen. Bis sie dann eines Tages sexuell plötzlich alles verändern wollen, wenn sie vermuten, dass der Partner fremdgeht, oder wenn sie von einem Seitensprung erfahren. Dass die Beziehung aufrechterhalten wird, ist für sie ist das Wichtigste, und nicht die Veränderung des Sexuallebens. Wir können häufig beobachten, dass die Motivation zurückgeht, häufiger sexuellen Kontakt zu haben, wenn die Beziehung wieder eine gewisse Stabilität erreicht hat oder die Bedrohung einer dritten Person wegfällt.

Das Gleiche gilt bei Partnern, die sehr viel und lange arbeiten. Jahrelang hören sie nicht auf den Partner, der um Aufmerksamkeit und Zeit für gemeinsame Aktivitäten bittet. Sie sind mit ihrer Arbeit verheiratet. Die Arbeit steht im Mittelpunkt, und alles andere ist zweitrangig. Wie wir im nächsten Beispiel sehen, musste Maria zwei Depressionen haben, bis Antoine aufwacht.

Maria bekommt zwei Depressionen hintereinander

Antoine (57) kommt aus gutem Hause. Harte Arbeit und die Meinung der anderen haben einen großen Stellenwert für ihn. Zusammen mit Maria (54) hat er eine Firma gegründet. Obwohl sie zusammenarbeiten, zeigt Antoine nur wenig Aufmerksamkeit für Maria. Vor acht Jahren hielt sie es nicht mehr aus. Sie wurde depressiv. Mit Medikamenten hat sie sich helfen können. In dieser Phase war das schon ein Alarmzeichen, eine Bitte um Veränderungen, um mehr gemeinsame Zeit und um weniger Arbeit. Ihrer Meinung nach war es auch nicht mehr so notwendig, derartig viel zu arbeiten, da ihre Kinder inzwischen erwachsen waren und ihr Studium abgeschlossen hatten. Antoine schenkte Maria mehr Zuwendung, indem er sie auf Geschäftsreisen mitnahm. Maria verreist gerne, aber die beiden sind nie allein. Die Reisen dienen nicht ihrer Erholung. Doch was sie eigentlich will, ist: sich mit ihm zusammen entspannen und genießen. Als Maria dieses Mal wegen einer Depression aufgenommen wird, wird Antoine ärgerlich. Er findet, dass sie nicht stark genug ist. Er glaubt auch nicht an die Psychotherapie. Eine Therapie mit Medikamenten, wie bei der letzten Behandlung, hilft ihr. Sie bleibt einige Monate in der Einrichtung. Auch in dieser Phase hat Antoine wenig Zeit für sie. Obwohl die Kin-

> der ihm klarmachen, dass Marias Situation wirklich ernst ist, kümmert er sich unbeirrt weiter vor allem um seine Arbeit. Erst als sie ein halbes Jahr nach der Aufnahme in die Anstalt ankündigt, sich von ihm scheiden lassen zu wollen, schreckt er auf. Sie hat in dem halben Jahr ihren Kontakt mit Eberhard, den sie während des Klinikaufenthalts kennen gelernt hat, intensiver werden lassen. Erst jetzt, da es keinen Weg zurück gibt, erkennt Antoine den Ernst der Situation. Für Maria kommt seine Erkenntnis zu spät. Sie hat ihre Entscheidung gefällt.

In diesem Beispiel reichen wohl die beiden aufeinander folgenden Depressionen von Maria nicht aus, um ihren Mann zu verändern. Erst die Tatsache, dass sie Eberhard kennen gelernt hat und sie mit ihm ein neues Leben beginnen will, lässt Antoine erkennen, was hier los ist. Als Antoine hört, dass Maria es ernst meint und ihn verlassen will, beginnt er, alles zu tun, damit sie ihn nicht verlässt. Die außereheliche Beziehung war ein Alarmzeichen. Jedoch kam es für Antoine zu spät.

Die Angst, der Partner könne fortgehen, kann so groß sein, dass man *alle Wut und Bosheit unterdrückt*. Viele Partner äußern ihre Gefühle lieber nicht. Denn sie fürchten, dass sich die Situation nur verschlimmert und sie den Partner erst recht verlieren. Joachim verarbeitet seine Wut, indem er mehr Sport treibt.

Joachim geht Squash spielen

Wim versteht nicht, was mit Joachim los ist. Vor einigen Monaten wollte Wim dreimal und nicht nur einmal pro Woche Squash spielen. Joachim war das eigentlich zu viel. Einmal pro Woche, das ließ sich besser mit seiner Arbeit vereinbaren. Jetzt – drei Monate später – will Joachim plötzlich doch dreimal in der Woche zum Squash. Er werde Wim später noch erklären, was der Grund für diese Sinnesänderung ist. Und so erzählt Joachim Wim wiederum einige Monate später, kurz vor einer Arbeitsbesprechung, wie schwer er es im Moment hat. »Squash spielen ist für mich die einzige Möglichkeit, wie ich meine Wut rauslassen kann. Wenn ich das nicht hätte, wäre alles noch schlimmer. Dann wüsste ich nicht mehr, was ich meiner Frau und diesem blöden Kollegen von ihr antun würde!«

Manche Menschen verspüren trotz aller Abneigung auch *Erleichterung*, dass die Außenbeziehung endlich ans Licht gekommen ist. Endlich wird bestätigt, was sie schon lange vermutet haben.

Manchmal sind Menschen auch *gelassen und gleichgültig*, weil die Affäre entdeckt wurde.

Ich habe es immer geahnt

Simone reagiert sehr gelassen, als sie entdeckt, dass ihr Mann eine Beziehung mit ihrem besten Freund hat. Sie hat keine Kinder. Nach der Scheidung von ihrem ersten Mann ist sie mit Fritz in eine Wohnung gezogen. Sie hatte einfach das Bedürfnis, nicht allein zu sein. »Nach drei Jahren ist die Affäre herausgekommen. Ich hatte es nicht erwartet. Doch wenn die Situation so ist, werde ich ihn nicht zurückhalten.«

Reaktionen beim untreuen Partner

Es ist nicht nur der feste Partner, der ganz anders reagiert. Wenn eine Außenbeziehung herauskommt, kann dies auch beim untreuen Partner sehr unterschiedliche Reaktionen auslösen.

Manche haben *Schuldgefühle*. Die Außenbeziehung und die eigenen Werte und Moralvorstellungen stimmen nicht miteinander überein. In den Therapiesitzungen sagen die Partner häufig: »Ich hätte nicht gedacht, dass ich so etwas jemals tun würde. Ich habe es selbst immer abgelehnt und verurteilt.« Oder sie fühlen sich dem Partner gegenüber wegen der Verletzungen schuldig, die sie ihm zufügen.

Andere *bereuen* es und beenden dann die Beziehung mit der dritten Person in dem Moment, in dem ihr bisheriges Verhalten aufgedeckt wird.

Eine andere Gruppe empfindet weder Schuldgefühle noch Bedauern. Sie *genießen die Beziehung* auch weiterhin; sie schätzen die Zuneigung und die angenehmen Gefühle, die sie jetzt erleben. So erging es auch Caroline.

Caroline ist »süchtig« nach einem Freund

Nach elf Jahren Ehe verliebt sich Caroline in Danny, einen Freund, und beginnt eine Beziehung mit ihm. Sie ist total verrückt nach ihm. »Ich will mich von meinem Mann trennen. Auf der anderen Seite will ich auch bei ihm bleiben. Aber ich will alles mit Danny. Ich kann nicht ohne meinen

---

> Mann, aber ich kann auch nicht ohne Danny. Alle meine Freunde sagen, dass ich verrückt bin. Ich will mit Danny ein neues Leben beginnen. Aber er ist verheiratet, und seine Frau erwartet ein zweites Kind von ihm. Er will nicht mit mir leben, aber ich kann nicht mehr ohne ihn.« Carolines Mann versucht, sie zu unterstützen und zu trösten. Er ist unglaublich lieb und um sie besorgt. »Mein Mann liebt mich sehr. Solange Danny bei seiner Frau bleibt, bleibe ich bei meinem Mann. Verstandesmäßig weiß ich, dass meine Zukunft nicht bei ihm liegt, aber ich folge meinem Gefühl. Ich tue einfach das, was sich gut anfühlt. Wenn es sich gut anfühlt, ist es auch gut. Ich vertraue meinem Gefühl, auch wenn es bedeutet, dass ich mein ganzes Leben lang die Geliebte eines verheirateten Mannes bleiben muss. Und wenn ich bei meinem Mann bleibe, so muss er wissen, dass mein Herz für einen anderen schlägt. Wenn ich zu Hause bin, heule ich oft vor Liebesschmerz und Liebesleid auf wie ein kleines Kind. Aber ich bereue es nicht.«

Manche Partner *bereuen es, dem anderen die Wahrheit erzählt zu haben.* Das kann geschehen, wenn man sieht, wie traurig der Lebenspartner ist, wenn man die Intensität der Wutausbrüche nicht aushält oder völlig unberechenbaren Reaktionen ausgesetzt ist.

Für manche ist es eine große *Erleichterung,* dass das Geheimnis endlich gelüftet wurde. Es hat schon lange genug gedauert. Und auch für den untreuen Partner kann es eine Erleichterung sein, wie schmerzlich es auch ist. Jetzt muss man nicht mehr hinter dem Rücken des anderen handeln oder etwas verbergen. Man braucht keine Angst mehr vor einer möglichen Entdeckung zu haben.

Ein unerwartetes Gefühl bei manchem untreuen Partner ist *Wut,* die sich plötzlich einen Weg an die Oberfläche bahnt, wenn entdeckt wird, dass man fremdgeht. Es kann zum Beispiel zur Wut kommen über die Art und Weise, wie die Beziehung aufgedeckt wurde. Doch ist diese Wut ein Art Ablenkungsmanöver. Es ist eine *Übertragung* der Gefühle. Dadurch, dass der untreue Partner seine Wut zum Ausdruck bringt, kann der feste Partner seinen Schmerz und seine Wut über die Außenbeziehung nicht mehr äußern.

Franz hat einen Detektiv angeheuert

Franz entdeckte, dass Ingrid eine Beziehung hat, nachdem er einen Hinweis von ihrer Freundin bekam. Er beauftragte einen Detektiv, der herausfand, dass sich Ingrid zweimal in der Woche immer zum gleichen Zeitpunkt mit einem Mann in einem Hotel trifft. Franz ist unglaublich wütend und traurig zugleich. Erst konnte er es gar nicht glauben. Als er Ingrid mit seiner Entdeckung konfrontiert, wird sie schrecklich wütend auf ihn. Sie ist empört darüber, dass er Geld für einen Detektiv ausgibt. Auf diese Weise kehrt sie die Rollen geschickt um: Sie macht ihm Vorwürfe.

An diesem Beispiel wird deutlich: Ingrid explodiert, als sie hört, dass Franz einen Detektiv angeheuert und wie viel Geld er dafür ausgegeben hat. Durch ihre Wut nimmt sie Franz die Möglichkeit, seine Wut darüber zu äußern, dass sie fremdgeht.

In anderen Fällen kann das Unverständnis beim festen Partner so weit gehen, dass der untreue Partner über die kindischen und hysterischen Reaktionen einfach wütend wird.

Martin beichtet alles

Martin hält es nicht länger aus, seine Freundin im Ungewissen zu lassen. Er plant ein gemeinsames Wochenende in London. Seine Freundin bedeutet ihm sehr viel. Diese Beziehung ist für ihn das Wichtigste im Leben. Die andere Beziehung war nur eine kurze Affäre. Darum will er es ihr erzählen. Die Wahrheit ist ihm unglaublich wichtig. Er dachte: »Dann muss ich eben mit den Konsequenzen leben.« Als er ihr in London nach einem sehr gemütlichen Abend alles beichtet, explodiert die Bombe. Sie verlässt wutentbrannt das Restaurant, geht zum Hotel, packt alle Sachen und zieht in ein anderes Hotel um. Sie will nichts mehr mit ihm zu tun haben. Zwei Tage lang hat er nichts von ihr gehört. Er ist sauer auf sie, dass sie ihn so in London stehen lässt. Martin und seine Freundin setzen jedoch ihre Beziehung fort. Für sie ist etwas in der Beziehung zerstört. Sie will mit ihm erst wieder über das Thema reden, wenn darüber gesprochen wird. Doch jedes Mal, wenn sie darüber sprechen will, dass er fremdgegangen ist, wird Martin wütend. Was damals in London passierte, war in seinen Augen nur hysterisches Getue. Als sie ihn im Restaurant hat sitzen lassen, war das eine derartige Kränkung, dass er jetzt nicht mehr darüber sprechen will.

An dieser Geschichte sehen wir Folgendes: Martins Wut wegen der Kränkung darüber, dass seine Freundin aus dem Restaurant weglief, nimmt bei ihm den Raum ein, den das Fremdgehen bei seiner Freundin hat. Sie fühlt sich hilflos. Trotzdem bemüht sie sich immer wieder aufs Neue, darüber zu reden. Da er aber jedes Mal mit ihrem Verhalten in London anfängt, verhindert er ein gutes Gespräch, in dem der Seitensprung verarbeitet werden könnte.

Die Wut kann in manchen Fällen auch nicht geäußert werden, wenn der untreue Partner vor allem über seine Schuldgefühle spricht. Es ist nicht einfach, auf jemanden wütend zu sein, der die Situation selbst bedauert und seine Schuld zugibt. »Hätte ich doch nur …«

Michaela sitzt auf der Bettkante

Michaela hat seit vier Monaten eine Beziehung zu einem Kollegen. Ihr Mann weiß, dass die beiden eine innige Freundschaft miteinander verbindet. Er machte sich schon seit langem Sorgen darüber, dass es mehr werden könnte, da sie sehr viel zusammen unternehmen. Michaela ist hoffnungslos verliebt und erwartet zu viel von der Beziehung zu ihrem Kollegen. Sie möchte ihn noch häufiger sehen. Der Freund allerdings kann und will ihr nicht mehr geben. Für Michaela ist das ein Zeichen dafür, dass er sie nicht richtig liebt. Darunter leidet sie sehr. Als sie eines Abends weinend auf der Bettkante sitzt, erzählt sie ihrem Mann, wie unglücklich sie ist, da der Freund mehr Abstand will. Ihr Mann ist völlig sprachlos. Er wird im selben Moment von Mitleid und Wut überwältigt.

Auch in diesem Beispiel kann die eigentliche Wut über die Affäre nicht richtig zum Ausdruck kommen. Trotz der Sorgen des Mannes hat sich eine Affäre zwischen Michaela und ihrem Kollegen entwickelt. Der Ehemann war immer ein verständnisvoller und unterstützender Mensch. Michaela konnte sich nicht vorstellen, dass sich an dieser Rolle etwas ändert.

Diskussion

Schuldgefühle oder Einsicht in die Schuld

Fons: Wenn man mit einer dritten Person eine Beziehung beginnt, hat man dann aus Sicht des Lebenspartners Schuld?

Maureen: Schuld ist ein schwieriger Begriff.

Fons: Heutzutage leiden zu viele Menschen unter Schuldgefühlen, anstatt ihre Schuld einzusehen.

Maureen: Was meinst du damit?

Fons: Ein Schuldgefühl ist ein undeutliches, oft nicht angemessenes und manchmal sogar neurotisches Gefühl. Man empfindet Schuld für etwas; dabei geht es eigentlich gar nicht um eine Frage der Schuld. Die Einsicht in eine Schuld ist etwas anderes. Man erkennt, dass man einer Person wirklich einen Schaden zugefügt oder sie benachteiligt hat.

Maureen: Benachteiligt man den Partner, wenn man eine Beziehung beginnt?

Fons: Es geht gar nicht anders.

Maureen: Und wenn der Partner nichts weiß?

Fons: Dann ist es immer noch eine Benachteiligung des festen Partners. Man hält doch immer etwas vor ihm zurück.

Fragen

Wenn es zu einer Affäre kommt, ergeben sich einige Fragen. Mehr Frauen als Männer fragen sich sofort: »Was habe ich nicht richtig gemacht?«, »Was stimmt mit mir nicht?«

Aber auch andere Fragen kommen bei beiden Partnern immer wieder auf (Levine 1998):

- Warum ist das passiert?
- Bin ich nicht gut genug? Körperlich, sexuell, psychologisch? Bin ich vielleicht verhaltensgestört?
- Stimmte etwas mit unserer Beziehung nicht?
- Stimmt etwas mit meinem Partner nicht?
- Mit wem kann oder muss ich darüber sprechen? Mit Freunden, den Kindern, den Eltern?
- Was hat er mir noch verschwiegen?
- Werde ich das je verarbeiten?
- Kann ich ihm das je verzeihen?
- Kann ich das je vergessen?
- Kann ich ihm je wieder vertrauen?

- Wie kann ich meinem Partner nahe bringen, was ich innerlich erlebe?
- Wie soll ich damit umgehen? Wie wird es in der Zukunft aussehen? Was werden die Folgen sein?
- Soll ich in eine Therapie gehen?
- Soll ich mich scheiden lassen?
- Soll ich mir auch einen neuen Partner suchen?
- Soll ich einfach nichts mehr für ihn tun?
- Soll ich etwas über Fremdgehen lesen?
- Soll ich ihm drohen, dass ich weggehe?
- Soll ich es einfach ignorieren?
- Soll ich die Gelegenheit nutzen und mich scheiden lassen?
- Muss ich mich immer noch wegen meiner eigenen Affäre schämen?

Dies sind alles verständliche und normale Reaktionen. Aber nicht alle Menschen sind bei der Entdeckung einer Affäre in der Lage, die Dinge so sachlich zu betrachten. Meist werden die Fragen dann zu Beschuldigungen, und sie werden dem Partner an den Kopf geworfen.

Die Intensität der Gefühle kann sich auch von einem Tag auf den anderen verändern. An einem Tag kann man sehr heftig auf alles reagieren, aber am nächsten Tag kann man die Tatsachen in einem ganz anderen Licht sehen. Manche Menschen reagieren zunächst sehr kontrolliert, und erst viel später kommt der Wutausbruch. Wilhelm zum Beispiel reagierte erst sehr kühl und distanziert, als er entdeckt, dass seine Frau eine Beziehung hat. Zwei Tage später setzte er seinem Leben ein Ende.

Gegenseitige Erwartungen

Es herrscht häufig bei beiden Partnern eine unglaubliche Gefühlsverwirrung. Durch dieses Gefühlschaos hat keiner der beiden mehr ein klares Bild, was sich da wirklich abspielt. Diese Komplexität kommt auch in den *gegenseitigen Erwartungen* zum Ausdruck.

Wird eine Affäre entdeckt oder eingestanden, hegt man parallel einige Erwartungen an den anderen. Je nachdem, ob diese Erwartungen erfüllt werden, kann eine Beziehungskrise noch tiefer werden oder auch nicht. In den meisten Fällen liegt in den gegenseitigen Erwartungen der Grund, warum der Streit anhält. Dies kann selbst ein noch wichtigerer Grund sein als das Fremdgehen.

Der eine hofft, dass es dem anderen Leid tut. Doch der andere erwidert: »Es tut mir Leid, zu sehen, dass ich dich verletze. Aber die Beziehung zu dem anderen bedauere ich nicht.« In solchen Situationen kommt es zu Missverständnissen. Der eine Partner geht davon aus, dass die Beziehung nicht fortgeführt werden kann, solange der andere es nicht bedauert. Doch dem untreuen Partner tut es nicht Leid. Er hat das Gefühl, dass alles, was geschehen ist, gut war. »Ich würde alles noch einmal so machen. Ich konnte auch nichts dagegen tun. Das Gefühl war einfach so stark. Zu Beginn konnte ich mich noch zurückhalten, aber irgendwann schaffte ich es nicht mehr. Die Affäre selbst war auch eine durchaus positive und bereichernde Erfahrung!«

Man erwartet, der Partner solle sich eingestehen, dass der Dritte ein schlechter Mensch ist. Aber der untreue Partner empfindet das gar nicht so. Dadurch verschlimmert sich die Situation.

Nachdem alles ausgesprochen ist, geht der feste Partner davon aus, dass die Affäre sofort beendet wird. In Wirklichkeit sieht es aber ganz anders aus. Der untreue Partner will die Beziehung zum Dritten vielleicht noch weiter aufrechterhalten. Er hofft auf eine Freundschaft, auf regelmäßigen Kontakt. Außerdem geht er davon aus, dass der feste Partner das alles akzeptiert.

Impulsive Reaktionen

Die Stärke der Gefühle und die nicht erfüllten gegenseitigen Erwartungen verleiten die Partner auf der einen Seite zu heftigen emotionalen Reaktionen, aber außerdem auch zu gefühlsbestimmten Entscheidungen. Diese Beschlüsse sind oft sehr spontan und zu wenig abgewogen. In solchen Momenten kann man eigentlich keine richtigen Entscheidungen treffen. Ein Tipp lautet darum, *sehr vorsichtig* zu sein und nicht überstürzt zu handeln. Man sollte sich lieber mehr Zeit gönnen.

Der feste Partner reagiert meist unmittelbar mit einem impulsiven Gedanken. Eine schnelle Entscheidung ist leicht gefällt: »Ich will nichts mehr mit ihm zu tun haben!«

In unseren Therapiesitzungen sehen wir regelmäßig die folgenden nicht durchdachten, impulsiven Reaktionen.

»Raus!«

In vielen Situationen ist die erste Reaktion eines festen Partners, seinen untreuen Partner aus dem Haus zu werfen. Der Partner kann beispielsweise vor einer geschlossenen Tür stehen, bei der das Schloss ausgewechselt worden ist. Ein Elternteil kann als Türsteher dienen, oder der gepackte Koffer fliegt aus dem Fenster. So erging es Hedwig.

Erklärungen haben keinen Zweck

Als Hedwig (37) ihrem Freund Fred (54) erzählt, dass sie eine Affäre hat, kommt es zu einer heftigen Krise. Er verlangt von ihr, dass sie sofort das Haus verlässt. Hedwig hat gar keine Möglichkeit, etwas zu erklären. Sie kann nur noch ein paar Sachen packen. Fred ist so gekränkt, dass er es nicht verarbeiten kann. Gleich am folgenden Tag beginnt er, einen Teil des gemeinsamen Besitzes zu verkaufen. Sie sind nicht im formalen Sinne verheiratet. Er hat Angst, dass sie zurückkommt und ihren Teil verlangt.

»Ich gehe!«

In anderen Situationen ist der feste Partner selbst so empört, dass er sich entscheidet wegzugehen. »Das lasse ich mir nicht gefallen«, sagen viele und beantragen die Scheidung.

Jacqueline ist aufgebracht

Obwohl Jürgen die Beziehung mit Frida mehrmals abgestritten hat, kommt Jacqueline dahinter, dass er doch eine Affäre mit ihr hat. Am nächsten Tag zieht sie mit ihren Kindern aus und geht zu ihrer Mutter. Für sie ist es das Ende der Beziehung.

»Da du es jetzt weißt, gehe ich«

Kommt es bei der Entdeckung zu einer echten Krise, entschließen sich einige untreue Partner der Konfrontation aus dem Weg zu gehen, indem sie den Partner im gleichen Moment verlassen.

Hans' plötzliche Entscheidung

Bei der folgenden Geschichte geht es um ein Paar (beide ungefähr 35 Jahre alt) mit zwei Kindern, die sieben und fünf Jahre alt sind. Der Ehemann hat vor sechs Monaten nach einem längeren Prozess endlich zugegeben, dass er eine Affäre mit Christa hat. Er ist sofort bei seiner Frau ausgezogen und bei Christa eingezogen. Aber er schaffte es nicht, von seiner Frau loszukommen. Seine Frau wird sehr deutlich: »Sie oder ich!« Für sie ist es eine Frage von »alles oder nichts«. Sie kennen sich, seit er sechzehn und sie dreizehn war. All die Jahre waren sie ausgesprochen verliebt ineinander. Er war für sie der richtige Mann. »Wir ähnelten uns in vielen Dingen, hatten genau den gleichen Geschmack und die gleichen Vorlieben. Wir stritten uns nie. Es war eine sehr innige Beziehung, wir waren wie miteinander verschmolzen. Wir hatten gemeinsam ein großes Haus mit allem Komfort, zwei Autos und ein gutes Einkommen. Er will eigentlich auch alles oder nichts. Ich kann mir vorstellen, dass er noch einmal zurückkehrt.«

Ähnlich erging es Wilma.

Wilma erlebt ihre Lust

Wilma hat seit vier Monaten eine außereheliche Beziehung. Sie hatte eine gute Ehe mit Ausnahme der Sexualität. Sie spürte nicht so viel beim Geschlechtsverkehr und konnte ihn auch nicht entsprechend genießen. Je mehr ihr Mann sie drängte, desto weniger Lust hatte sie. Bei ihrem Freund ist alles anders. Sie sehen sich nicht oft. Aber wenn sie sich treffen, ist es ein wahres Fest. Sie erlebt endlich ihre Lust und genießt den Kontakt leidenschaftlich mit all ihren Sinnen. Eigentlich entdeckt sie jetzt erst ihren Körper. »Wenn ich mich ihm so hingeben kann und man solch einen fantastischen Sex zusammen hat, muss es doch der Richtige sein!« Sie zieht in die Wohnung des Freundes. Nach drei weiteren Monaten will sie zurückkehren. Die Leidenschaft ist vorbei.

Wenn man sich entschließt auszuziehen, kann dies auch ein wohl überlegter Entschluss sein. Man hat darauf gewartet, dass die Affäre entdeckt wird, so dass man anschließend das Ende der Beziehung ankündigen kann. Damit stößt man meist auf Unverständnis. Der andere Partner hat auch keine Möglichkeit, den untreuen Partner zurückzugewinnen oder etwas an der Beziehung zu verändern.

»Ich mache es ebenso!«

Manchmal beginnt der gekränkte feste Partner innerhalb einiger Tage ebenfalls eine Beziehung mit einer anderen Person. Auf diese Weise versucht er, das Gleichgewicht wiederherzustellen.

Jan beginnt als Reaktion eine Beziehung mit der besten Freundin von Anna

Anna und Jan haben schon seit einiger Zeit ein etwas angespanntes Verhältnis. Es läuft nicht besonders gut zwischen den beiden. Die Schwierigkeiten haben nach der Geburt des zweiten Kindes begonnen. Anna weist Jan seitdem in sexueller Hinsicht stärker zurück. Sie ist abends meist müde und hat dann keine Lust mehr auf Sex. Anna arbeitet neben dem Haushalt zusätzlich und erwartet, dass Jan auch mehr im Haus tut. Regelmäßig kommt es zu Auseinandersetzungen darüber, wer welche Aufgaben im Haushalt übernimmt. Beide haben das Gefühl, dass sie mehr tun als der andere. Als Jan eines Tages herausfindet, dass Anna wieder Kontakt mit ihrem Exfreund aufgenommen und eine Affäre mit ihm begonnen hat, setzt er sich noch am gleichen Tag mit ihrer besten Freundin in Verbindung. Er sucht jemanden, der ihn versteht und unterstützt. Er will einfach mit jemandem über alles sprechen, alles besser verstehen und vielleicht auch Anna besser begreifen. Die Freundin berichtet ihm an diesem Abend, dass es auch in ihrer Beziehung schon seit vier Jahren nicht mehr so rosig läuft und sie sich scheiden lassen will. Irgendwann beginnen sie, sich näher zu kommen, Zärtlichkeiten auszutauschen und landen dann gemeinsam im Bett. Auch an den nächsten Tagen treffen sie sich.

»Ich gehe zu meinen Eltern«

Einige Menschen fällen keine Entscheidung über die Ehe, sondern gehen direkt zurück zu den Eltern oder beziehen die Familie oder die Schwiegereltern in den Konflikt mit ein.

So kann man ganz vortrefflich negative Reaktionen auslösen, und die Krise kann tiefer werden. Oft übersteigt in diesen Situationen die Wut des untreuen Partners die Wut des festen Partners über die Affäre. Das ist ein gutes Beispiel dafür, wie der Ärger über die Affäre nicht verarbeitet werden kann, sondern unterdrückt, angestaut oder abgeschwächt wird. Jedoch kann auch der Partner, der zu den Eltern gegangen ist, diesen Schritt später bedauern. So kann sich die Beziehung mancher Eltern zu ihrem eigenen oder angetrauten Kind im Nachhinein grundlegend verändern. Sie nehmen das beispielsweise zum Anlass, um ihren eigenen angesammelten negativen Gefühlen der letzten Jahre vollen Lauf zu lassen.

Die Kinder einbeziehen

Einige Partner informieren die Kinder über die Situation oder erzeugen damit bei ihnen ein völlig negatives Bild vom untreuen Partner. Kinder haben sehr empfindliche Antennen. Sie spüren in bestimmten Situationen oft viel mehr, als wir denken. Müssen sie wissen, was sich zwischen den Eltern abspielt? Nein, schließlich ist es etwas zwischen den Partnern. Es gehört zur Privatsphäre der Eltern.

> **Beziehen Sie die Kinder nie in den Konflikt mit ein!**

Wenn man die eigenen Kinder zur Vertrauensperson oder, schlimmer noch, zum Verbündeten macht, geht man ein großes Risiko ein. Es beeinträchtigt die Entwicklung der Kinder, da sie nicht sorgenfrei ihrer eigenen Zukunft entgegengehen können. Sie müssen sich um die Eltern und damit auch um ihre eigene Sicherheit sorgen. Man kann den Kindern am besten mitteilen, dass man als Paar durch eine Phase der Krise geht und man zu zweit daran arbeitet. In einer gesunden Familie haben die Kinder oft selbst einen eindeutigen Standpunkt. Sie erkennen, dass die Eltern ihren Konflikt oder ihre Krise selbst lösen müssen. Manchmal sagen sie deutlich: »Das ist euer Problem. Wir wollen damit nichts zu tun haben.«

Vermeiden Sie in dieser Phase Entscheidungen!

Die oben erwähnten unüberlegten und impulsiven Reaktionen sind oft verständlich. Doch haben sie auch einen bitteren Nachgeschmack. Jede Entscheidung, die aus einem Gefühl heraus getroffen wird, birgt die Gefahr, dass sie nicht mehr rückgängig gemacht werden kann. Für einen der Partner ist dann der Weg zurück versperrt. Die Reue kommt häufig erst später. In unseren Therapiesitzungen mit Eheleuten können wir das regelmäßig beobachten.

Im Moment einer heftigen Krise muss man die Entscheidungen aufschieben. Versuchen Sie, den Prozess zu verlangsamen, und *nehmen Sie sich Zeit*. Vorsicht und Sorgfalt sind geboten!

In dieser Phase ist es auch schwierig, Verständnis für die Gefühle des anderen aufzubringen. Beide Partner können oder wollen dem anderen nicht zuhören. Es hat keinen Sinn, in dieser Phase über die Gefühle zu sprechen. Versucht man jetzt schon, zu analysieren, was in der Beziehung in der Vergangenheit schief gelaufen ist, oder eine Lösung für die Zukunft zu finden, ist das hoffnungslos.

Die normalen Gefühle sind Schmerz, Wut und Enttäuschung. Und all dies ist berechtigt. Gewalttätigkeiten lassen sich allerdings in keiner Situation rechtfertigen. Kommt es zu Schlägen oder anderen Formen körperlicher Gewalt, geht das zu weit. Man muss sich beherrschen können. Kommt es zu angestauten Aggressionen kann eine Auszeit sehr nützlich sein. Man kann zeitweise bei den Eltern oder bei Freunden wohnen. Handlungen oder Entscheidungen im Affekt bereut man meist im Nachhinein. Man sollte dann besser eine Zeit lang Abstand wahren und erst nach einigen Monaten eine Entscheidung fällen. Ein nützlicher Tipp: Reden Sie mit anderen über Ihren Entschluss! So wird deutlich, ob die Entscheidung realistisch und ausführbar ist. Außerdem lernt man zugleich, das Gefühlschaos in Worten auszudrücken und zu erforschen. Dies ist meist mit dem Partner wegen der wechselseitigen Verstrickung nicht direkt möglich.

Man sollte vor allem mit Entschlüssen in Bezug auf eine große neue Beziehung warten. Wie seriös ist sie? Wo würden Sie wohnen? Trennt Ihr neuer Partner sich ebenfalls von seinem Partner? Würden Sie die Beziehung zu Ihrem festen Partner lösen, auch wenn Ihr neuer Partner das nicht mit seinem festen Partner tut? Haben Sie Ihre jeweiligen Kinder schon kennen gelernt? Wie wäre es, wenn Ihr neuer Partner Ihnen nur wenig oder keinen Raum gibt, die eigenen Kinder zu sehen? …

In den meisten Fällen denken Menschen bei einer neuen Liebesbeziehung erschreckend unrealistisch. Viele haben sich selbst noch nie solchen kritischen Fragen gestellt. Je nach der Länge der Affäre haben sie manchmal noch gar nicht über derartige Fragen mit dem neuen Partner gesprochen.

Genau wie der untreue Partner sollte auch der feste Partner erst sorgfältig alles gegeneinander abwägen, bevor er seinen Lebenspartner vor die Tür setzt. Nicht zu schnell handeln, gut nachdenken und die Emotionen abkühlen lassen – so lautet die Devise. Will man wirklich die langjährige Beziehung aufgeben, weil der Partner etwas falsch gemacht hat? Sollte man Kinder, Freunde und Familie wirklich jetzt schon in das Ganze mit einbeziehen?

Für die Umgebung ist es oft schwierig, einzuschätzen, was sich bei einem anderen Paar genau abspielt. Die Geschichte eines jeden Partners ist wegen seiner Erlebnisse, Gefühle und Werte etwas Einzigartiges. Keiner kennt die ganze Wahrheit. Außerdem kann man sich bei Ratschlägen von anderen auch unter Druck gesetzt fühlen, statt sich in Ruhe seine eigene Meinung zu bilden. Die Menschen in der Umgebung sind oft sehr hart. Eine Person handelt für sie richtig, die andere falsch. Eine Entscheidung ist dann auch schnell gefällt. Sie sehen aber nicht alle Aspekte der Sache.

Franz' Mutter bekommt ihren Willen

Als Franz' Mutter hört, dass Susi fremdgeht, ist sie sehr aufgebracht. Wie kann ihre Schwiegertochter das nur ihrem Sohn und ihren Enkelkindern antun? Sie teilt Franz klipp und klar mit: »Das lässt du dir doch nicht bieten?« und »Ich würde sie sofort rausschmeißen!«

Nach einigen Monaten erkennt Franz: »Ich hätte sie nicht rauswerfen sollen. Ich habe es nur getan, weil meine Mutter es sagte. Jetzt hat sie ihren Willen bekommen. Sie konnte Susi von Anfang an nicht leiden. Aber ich bin jetzt allein! Und das nur wegen einer Affäre?«

Jeder weiß, dass man sich nicht seinen aufgebrachten Emotionen leiten lassen sollte. Man sollte sich besser in Ruhe etwas Zeit lassen. Doch gleichgültig, ob man Entscheidungen treffen will oder nicht, eins steht fest: Die meisten Paare sehen sich in einer Beziehungskrise wegen einer Affäre gezwungen, sich zu tiefgreifenden Entscheidungen durchzuringen.

Phase 4: Entscheidungen fällen

Es gibt viele Paare, die mit ihrer Beziehung nicht zufrieden sind. Sie fühlen sich emotional nicht erfüllt. Oft zweifeln sie, ob sie die Beziehung besser beenden sollten. Sie sind gefangen in der Macht der Gewohnheiten, langweilen sich zusammen, fühlen sich als Fremde nebeneinander und haben nur wenig Bezugspunkte zueinander. Ihre Zuneigung füreinander ist vorbei. Die Erwartungen an die Ehe oder Beziehung wurden nicht erfüllt. Regelmäßig denken sie darüber nach, dass es so nicht weitergehen kann und sie den Partner früher oder später verlassen werden. Die Außenbeziehung ist dann »der Anlass«, um eine Beziehung zu beenden, die sowieso zum Scheitern verurteilt war. In einer derartigen Situation stellt die dritte Person eine realistische Bedrohung für die Langzeitbeziehung dar.

Arten der Entscheidung

Eine gute Entscheidung

Es ist keine selbstverständliche Entscheidung, den Lebenspartner zu verlassen, selbst wenn die Beziehung schon seit langer Zeit nicht gut läuft. Vor allem der Gedanke, danach allein zu sein, schreckt viele Menschen ab, diesen Schritt zu vollziehen. Eine Beziehung zu einer dritten Person ist dann oft der zusätzliche Anstoß, den jemand braucht, um diesen Schritt zu wagen. Viele erleben es als die schwierigste, aber beste Entscheidung in ihrem Leben – trotz aller Probleme und Schwierigkeiten in der Trennungsphase. Der neue Partner gibt einem weiterhin die Unterstützung und Wertschätzung, Liebe und Zuneigung. Das schafft Hoffnung für die Zukunft. Ingrid hat das so erlebt.

Ingrid fühlt sich endlich geschätzt

Ingrid heiratete mit 22 Jahren, um ihr Elternhaus zu verlassen. Sie hielt die Spannungen zu Hause nicht mehr aus. Ihr Vater war Alkoholiker und oft gewalttätig. Sie versuchte oft, die Ehe ihrer Eltern zu retten. Spät abends lag sie im Bett und wartete ängstlich, bis ihr Vater nach Hause kam. An der Art, wie er die Treppe hinaufging, konnte sie erkennen, ob er betrunken war oder nicht. Mit 21 Jahren lernte sie Gerhard kennen. Er hatte auch keine einfache Kindheit. Sein Vater kritisierte seine Mutter ständig, sie konnte nichts richtig machen. »Frauen sind dumm!«, war sein Motto. Zusammen mit Ingrid will Gerhard einen anderen Weg gehen.

Gerhard und Ingrid beginnen ihr neues Leben ... Doch als Ingrid Zwillinge zur Welt bringt, geht es schief. Alle Aufmerksamkeit richtet sich auf die Kinder. Aber beide haben unterschiedliche Meinungen zur Erziehung und streiten sich oft darüber. Sie findet, dass man Kindern nicht genug Zuneigung schenken kann. Er fühlt sich jedoch vernachlässigt und meint, dass die Kinder allzu sehr verwöhnt werden. Gerhard hat nur noch Kritik vorzubringen und zieht sich immer mehr zurück. Er schlüpft allmählich in die Rolle seines Vaters. Ingrid macht in seinen Augen nichts mehr richtig. Die beiden haben immer häufiger Streit miteinander. Er bleibt oft bis spät in die Nacht weg und kommt angetrunken nach Hause. Für sie ist das die Grenze. Ihr Entschluss steht fest. Sie will nicht wie ihre Mutter leben. »Das tue ich mir und meinen Kindern nicht an! Ich habe meiner Mutter immer vorgeworfen, dass sie sich zu viel gefallen lässt. Ich habe mir geschworen, anders zu handeln!«

In einem Kaufhaus trifft Ingrid zufällig ihre frühere Jugendliebe Georg. Er wohnt anscheinend in ihrer Nähe. Georg ist nicht verheiratet und hat keine Kinder. Er hat in den ganzen Jahren eine stille Liebe für Ingrid gehegt. Wegen seiner etwas zurückhaltenden Art hat er seine Liebe nie zum Ausdruck gebracht. Er ist genau das Gegenteil von Gerhard: Er ist nicht dominant, und er vergöttert sie. Georg bewundert Ingrid dafür, dass sie die Zwillinge erzieht und gleichzeitig eine Vollzeitstelle hat.

Als Gerhard die Affäre der beiden entdeckt, entscheidet sich Ingrid nach achtmonatiger Ehekrise, sich von ihm scheiden zu lassen. Fünf Jahre später berichtet sie: »Es war der schwerste, aber auch der beste Entschluss, den ich je gefasst habe.«

Eine zwiespältige Entscheidung

Bei anderen Paaren ist die gefühlsmäßige Bindung nicht so fest. Das Paar wird aber durch andere Faktoren zusammengehalten. In erster Linie haben sie eine gemeinsame Vergangenheit. Andere Faktoren sind der Druck der Familie, Pflichtbewusstsein und Verantwortungsgefühl gegenüber dem Partner und den Kindern, allgemeine Gewohnheiten, finanzielle Sicherheit, Verbundenheit mit dem sozialen Umfeld oder die Vorstellung, gemeinsam alt zu werden. Obwohl die Beziehung zu der dritten Person eine wirkliche Bedrohung für die feste Beziehung darstellt, sind diese Faktoren wichtiger, und man will nicht auf die feste Beziehung verzichten. Dementsprechend halten sich die Erwartungen in Grenzen. Man sucht die emotionale Unterstützung in anderen Freundschaften oder bei den Kindern. Die Unzufriedenheit in der Beziehung wird auf diese Weise relativiert.

Eine hinausgezögerte Entscheidung

Manche Menschen wollen schon seit Jahren aus der Beziehung ausbrechen. Doch fehlt ihnen der Mut, sie sind finanziell vom Partner abhängig, oder sie wollen es den Kindern nicht antun. Eine Affäre kann dann der Anstoß sein, den Partner zu verlassen.

Aus der jahrelangen Unterdrückung flüchten

Peter und Iris sind ein junges Paar (obwohl beide beinahe vierzig Jahre alt sind) mit vier Kindern zwischen sechs bis siebzehn Jahren. Sie kennen sich schon seit dem Kindergarten und feierten zusammen ihre Kommunion. Sie kommen aus zwei unterschiedlichen Familien. Peters Familie war reich und vornehm. Iris' Vater war der Küster im Dorf. Peter ist selbstständig; er arbeitet viel und hart. Er arbeitet zu Hause und ist als Informatiker für seine eigene Firma tätig. »Jeden Tag setzt er sich voll für sein Unternehmen ein. Seine Kunden gehen immer vor.«

Eines Tages hört Peter, dass sich Iris mit einem Freund im Café verabredet hat. Das stört ihn, er will es nicht. »Ich will, dass du erst mit mir redest!« Er will nicht, dass sie mit einer anderen Person über ihr Leben spricht. Doch sie will den Freund weiterhin sehen. Der hört ihr wenigstens zu. Iris beschuldigt Peter, dass er zu besitzergreifend ist. »Du willst ja nur Sex mit mir. Das ist der einzige Grund, warum du mit mir zusammen bist!«

Iris will ihren Freund behalten. Peter fleht sie an, Mitleid mit ihm zu haben. Doch Iris hält es nicht länger aus, dass Peter an ihr klebt und sie ständig verfolgt. Er kontrolliert jeden Schritt von ihr! Iris schnauzt ihn zusammen. Sie kauft sich ein Handy, um auf diese Weise unkontrolliert telefonieren zu können. Schließlich kommt sie zu dem Entschluss: »Ich will nicht mehr mit dir zusammen sein!« Der neue Freund ist für sie der Anlass, aus der Beziehung auszubrechen. So kann sie aus der »jahrelangen Unterdrückung und Missachtung« flüchten.

Auf den richtigen Moment warten

Einige Menschen haben eigentlich schon seit längerer Zeit den Entschluss gefasst, sich vom Partner zu trennen. Sie warten nur auf den richtigen Moment, um zu gehen. Antoinette ist ein Beispiel dafür.

Antoinette regelt ihre Zukunft

Antoinette und Rudolf leben seit 22 Jahren zusammen. Antoinette war 27, als sie in Rudolfs Firma als Angestellte begann. Sie war frisch geschieden, hatte zwei kleine Kinder und suchte dringend eine Arbeitsstelle. Rudolf war damals 41 Jahre alt und seit längerer Zeit geschieden. Seine drei Kinder waren in dieser Zeit sechzehn, siebzehn und neunzehn Jahre alt. Rudolf und Antoinette verstanden sich auf Anhieb. Die beiden beginnen eine Beziehung, und Antoinette zieht in Rudolfs Wohnung. Antoinette ist jetzt keine Angestellte mehr, sondern genießt den Luxus, den ihre neue Position mit sich bringt. Durch ihre gute Teamarbeit blüht die Firma auf. Er regelt die finanzielle Seite und sie die Kontakte mit den Kunden. Es kommt aber zu Spannungen, als sie ihn mehrmals bittet, sie zu heiraten. Sie will Sicherheit für die Zukunft. Aber Rudolf will nicht heiraten. Er will nicht noch einmal im Stich gelassen werden, wie er es bei seiner ersten Frau erlebt hat. Also wohnen sie einfach weiterhin zusammen – ohne Trauschein. Er verspricht ihr, die finanzielle Situation für ihre Zukunft zu regeln, tut es aber nicht. Jedes Mal, wenn sie daraufhin droht, ihn zu verlassen, verspricht er es aufs Neue. Wenn sich der Streit dann beruhigt hat, bleibt alles beim Alten. Beide halten auf diese Weise den anderen im Griff. Sie kann (oder will) ihn nicht verlassen, da sie dann alles verliert, was sie zusammen aufgebaut haben. Sich scheiden zu lassen, wäre ein großer finanzieller Verlust für sie. Er will auch nicht, dass sie weggeht, da er ansonsten viele Kunden verlieren würde. Er hat einfach nicht die soziale Ader, um gute Kontakte mit den Kunden zu halten. Für sie ist seit einiger Zeit klar, dass die Situation so nicht weitergehen kann. Ihre Liebe und Anerkennung für Rudolf verwandeln sich in Groll und Hass. Als sie eines Tages eine Beziehung mit einem Kunden beginnt, der in einer finanziell ebenso guten Situation wie Rudolf lebt, steht ihr Entschluss fest. Drei Monate später verlässt sie Rudolf endgültig.

Ein vermeintlicher Entschluss

Manchmal denken Partner, dass sie innerlich eine Entscheidung getroffen haben. Kommt aber dann die Gelegenheit, wirklich den Schritt zu wagen und die Beziehung zu beenden, schaffen sie es nicht. Das können sie dem Partner nicht antun. Lieber holen sie sich die Zustimmung des anderen, weggehen zu dürfen. Sie wollen nicht selbst die Verantwortung tragen. Insofern kann es sich auch um einen Schutzmechanismus dagegen handeln, selbst keine Entscheidung fällen zu müssen. Darum wird die Beziehung zu einer dritten Person abgestritten oder verheimlicht.

Weggehen ist unmöglich

Wenn die Qualität der ursprünglichen Beziehung gut war, wird sich ein Partner nicht so schnell von seinem festen Partner trennen. Sind auch die positiven Gefühle in der Krisenzeit erkaltet oder abgestorben, spielen die *bindenden Faktoren* noch immer eine wichtige Rolle. Kinder, die gemeinsame Vergangenheit oder eine finanzielle Abhängigkeit sind ausschlaggebend für die Entscheidung darüber, welche Zukunft die Beziehung hat. Selbst wenn die früheren positiven Erfahrungen durch die Intensität der Gefühle jetzt negativ gesehen werden, ist es dem Betreffenden nicht möglich, den anderen zu verlassen. Tom machte diese Erfahrung.

Tom packt zweimal seine Koffer
Ein Mann schreibt einen Brief: »Unsere Beziehung ist zu etwas Alltäglichem geworden. Wir sind seit zehn Jahren zusammen und haben zwei Kinder. Alles ist zu einem tagtäglichen Trott geworden. Vor einiger Zeit habe ich eine Frau kennen gelernt. Mit ihr zusammen fühle ich mich sehr glücklich. Ich wollte mich scheiden lassen und hatte alles schon geplant. Aber unter dem Druck meiner Kinder, der finanziellen Belastung und auch unter dem Druck meiner Frau habe ich mich entschieden, es doch nicht zu tun. Zweimal habe ich schon meinen Koffer gepackt und wollte zu meiner neuen Freundin gehen. Und doch bin ich jedes Mal zu Hause geblieben. Eigentlich will ich bei der anderen Frau sein. Ich denke, dass ich mich scheiden lassen werde. Im Moment ist alles gegen mein inneres Gefühl. Ich bin nicht mehr ich selbst. Früher war ich heiter und gut gelaunt. Jetzt fühle ich mich traurig und schwermütig. Ich verstehe mich zwar noch mit meiner jetzigen Frau, aber ich werde immer verbitterter. Meine Frau sieht es anders. Sie möchte einfach die Beziehung mit mir aufrechterhalten und will auch weiterhin mit mir zusammenleben. Aber das Verlangen nach meiner Freundin wird immer stärker. Sie hat sogar ihren Mann für mich verlassen! Ständig muss ich an sie denken. Meine Frau findet, dass ich nicht mehr mit beiden Beinen auf der Erde stehe, dass ich zu sehr schwebe. Vielleicht hat sie ja Recht. Es ist so schwer, eine Entscheidung zu treffen.«

Die Entscheidung ist ein Schock

Für den festen Partner kann die Entscheidung ein Schock sein. Oft wird er ganz unerwartet mit der Wahrheit konfrontiert. Er steht vor einer vollendeten Tatsache, die sein ganzes Leben auf den Kopf stellt. Es gibt keine Möglichkeit, noch etwas daran zu ändern oder die Beziehung zu verbessern. Die Entscheidung wird einseitig vom untreuen Partner gefällt und kommt aus heiterem Himmel. In manchen Fällen ist es auch eine große Erleichterung, da schon seit langer Zeit eine unerträgliche Spannung in der Luft liegt. Einige Partner klammern sich in dieser Situation an den untreuen Partner in einem vergeblichen Versuch, ihn zu halten, wie bei Hans im nächsten Beispiel.

Hans klammert sich fest

Elsbeth hat einen Freund und will sich von Hans scheiden lassen. Sie will, dass Hans sein Leben in die eigene Hand nimmt. Hans ist völlig am Ende. Elsbeth tut weiterhin noch alles für ihn: Waschen, Einkaufen, Kochen, Bügeln, die Finanzen … »Er muss mich loslassen können!«, sagt sie. Er verwahrlost, kümmert sich nicht um seine Gesundheit, sorgt nicht mehr für sich selbst. Zwar geht er noch zur Arbeit, aber er isoliert sich seit Wochen völlig. Für ihn ist ihr Entschluss eine Strafe. »Ich habe sie nicht geschlagen oder misshandelt und war ihr immer treu. Jetzt werde ich für etwas bestraft, was ich gar nicht getan habe!« Sie will ihm (gegen seinen Willen) beibringen, unabhängig und selbstständig zu werden, so dass sie mit ihrem Freund zusammenleben kann.

Ein gemeinsamer Entschluss

Die Entscheidung des untreuen Partners, den anderen zu verlassen, kann zu einem gemeinsamen Entschluss führen. Wenn der feste Partner zum Beispiel einsieht, dass es keinen Ausweg gibt, oder es wirklich bis zu ihm durchdringt, dass es vorbei ist. Manche festen Partner versuchen vergeblich, die Beziehung wieder zusammenzuführen. Doch im Nachhinein berichten viele, dass eine Scheidung doch die bessere Lösung war. Manche geben auch zu, dass sie sich schon viel früher hätten trennen müssen.

Eine Scheidung wegen einer außerehelichen Beziehung sollte man sich sehr sorgfältig überlegen. Aus zuverlässigen Statistiken wird deutlich, dass der Partner, für den man sich vom Ehepartner trennt, nur in 15 Prozent aller Fälle auch der wirkliche zukünftige Lebenspartner ist, den man heiratet oder mit dem man am Ende zusammenlebt (Heterington 2002)!

Der Übergang zu einer neuen Familienkonstellation birgt viele Gefahren und übt einen starken Druck auf den Partner und die neue Beziehung aus. Dieser Aspekt wird häufig vergessen. So sollte man zum Beispiel keine Pläne für das Zusammenleben machen, wenn man die kleinen Kinder des neuen Partners noch nicht kennen gelernt hat.

Der Übergang zu einer neuen Familienkonstellation

Wenn man sich für einen neuen Partner entscheidet, ist dieser Entschluss oft viel komplexer, als man denkt. Man entscheidet sich nämlich nicht nur für den Partner allein, sondern auch für seine möglichen Kinder. Wahrscheinlich empfindet man Liebe für den neuen Partner. Aber das bedeutet nicht automatisch, dass man auch dessen Kinder liebt. Der Übergang von einer ursprünglichen Kernfamilie zu einer neuen Familienkonstellation bietet neue Chancen, birgt aber auch gewisse Gefahren, da sich die Kernfamilie grundsätzlich von der neuen Familienkonstellation unterscheidet.

Wie unterscheiden sich neu zusammengesetzte Familien von Kernfamilien?

Ein Verlust als Ausgangspunkt
Die neue Familie wird auf dem Scheiterhaufen einer zerrütteten Familie errichtet. Sowohl bei dem Partner als auch bei den Kindern überwiegt das Gefühl eines Verlustes und einer großen Unsicherheit über die kommenden Veränderungen. Kinder verlieren ihr Umfeld, müssen eventuell ihr Zimmer teilen, verlieren ihre Freunde und Sicherheit.

Es gibt keine gemeinsame Vergangenheit
Mit ihren leiblichen Eltern haben Kinder eine gemeinsame Vergangenheit, die sie mit dem Stiefelternteil nicht teilen wollen, aber auch nicht können. Dadurch entstehen natürlicherweise und unvermeidlich Untergruppen innerhalb einer Familie.

Unrealistische Erwartungen

Der Stiefvater oder die Stiefmutter will alles richtig machen und stürzt sich begeistert in die neue Aufgabe. Man will den fehlenden echten Elternteil ersetzen. Doch die Kinder lassen dies wegen ihrer Loyalität zu dem abwesenden Elternteil meist nicht zu.

Der »abwesende« leibliche Elternteil

Die echte leibliche Mutter oder der Vater spielen weiterhin eine Rolle. Der Expartner hat auf die Entfernung immer noch einen großen Einfluss, sei es finanziell oder emotional. Es kommt leicht zu einem Konkurrenzkampf zwischen dem Stiefvater bzw. der Stiefmutter und dem leiblichen Elternteil.

Hinweise zum Übergang

Kümmern Sie sich um eine gute und stabile Verbindung mit dem neuen Partner

Die Beziehung zum neuen Partner ist durch mögliche Schwierigkeiten mit den Kindern einem besonderen Druck ausgesetzt. Die Kinder des neuen Partners müssen sich langsam an die neue Situation gewöhnen und brauchen Zeit dafür. Sie müssen den Neuankömmling in der Familie erst kennen lernen und ihren Platz neu finden. Eine ursprüngliche Beziehung wird oft wegen der Kinder aufrechterhalten. Eine neue Beziehung geht hingegen schnell durch die Kinder in die Brüche. Darum ist es wichtig, die neue Beziehung besonders zu stärken und sich ausreichend Zeit und Aufmerksamkeit füreinander zu nehmen.

Lassen Sie dem neuen Partner ausreichend Raum für seine Kinder

Wenn ein Partner nach einer Trennung die Kinder behält, entwickeln alle zusammen eine sehr starke Beziehung zueinander. Kommt ein neuer Partner ins Spiel, kann dies als Bedrohung und Einbruch in die Privatsphäre erlebt werden. In einer neuen Familienkonstellation möchte man die ursprüngliche Ordnung wiederherstellen. Aber das ist unmöglich. Beide Partner müssen einander die Möglichkeit geben, genügend Zeit allein mit ihren Kindern zu verbringen. Auf diese Weise wächst das Vertrauen in den neuen Partner, da die alten Strukturen respektiert werden. Jeder Partner muss auch weiterhin getrennt mit seinen Kindern in den Urlaub fahren, einkaufen gehen ...

Erwarten Sie Fairness

Man kann von den Kindern des neuen Partners nicht erwarten, dass sie einen sofort akzeptieren. Anerkennung und Wertschätzung sind Gefühle, die sich langsam entwickeln. Sie sind nicht plötzlich von Anfang an vorhanden. Auch sollte die Erwartungshaltung bei einem selbst nicht zu hoch liegen. Man beginnt zwar eine Beziehung mit einem neuen Liebespartner, aber das bedeutet nicht, dass er die Kinder auch sofort liebt. Man kann ihnen zwar die gleiche Fürsorge und Zuwendung wie den eigenen Kindern geben. Aber man kann und braucht sie nicht ebenso sehr zu lieben.

Den Vater oder die Mutter kann man nie ersetzen

Es ist besser, der Freund des leiblichen Vaters oder die Freundin der leiblichen Mutter zu sein, als wirklich die neue Elternrolle zu spielen. Wenn die Kinder Sie weiterhin mit Ihrem Vornamen ansprechen, bleibt dieser Unterschied erhalten. Werden die Kinder dazu gezwungen, den neuen Partner als Vater bzw. als Mutter zu akzeptieren, kommt es zu Loyalitätskonflikten. Schließlich haben Kinder gegenüber ihren Eltern ein stark verinnerlichtes Loyalitätsgefühl. Das sollte man wohl besser anerkennen.

Geben Sie dem abwesenden Elternteil Raum

In der optimalen Situation darf auch in der neuen Familie über den abwesenden Partner gesprochen werden. Oft ist das allerdings nicht möglich, da die Trennung so schmerzlich war und oft noch viele unverarbeitete Gefühle wie Trauer und Wut unter der Oberfläche vorhanden sind. Das ist verständlich und normal. Man sollte allerdings darauf achten, dass diese negativen Aspekte nicht verstärkt oder kultiviert werden. Der neue Partner hat dabei eine ausgleichende Rolle. Wenn Sie dem abwesenden Elternteil auf natürliche Weise Raum und Anerkennung geben können, werden die Kinder das schätzen und Sie schneller als Freund oder Freundin akzeptieren.

Zwei Haushalte

In einer neuen Familienkonstellation wechseln die Kinder oft von einer Familie zur anderen. Die eine Woche sind sie bei einem Elternteil und die nächste Woche beim anderen. Kinder können sich sehr einfach an neue Situationen anpassen. Sie respektieren die Lebensregeln des jeweiligen Haushalts, in dem sie sich gerade befinden. Doch muss die Unterschiedlichkeit auch von den Eltern akzeptiert werden. Wenn die Eltern alles vorschreiben (wie das Kind sich anzuziehen hat, wann es zu Bett gehen muss, was es essen soll und welche Freunde es hat), kann es sich nicht mehr selbst entwickeln. Außerdem kommt es dann zu einem Konflikt darüber, wie es sich in welchem Haushalt zu verhalten hat. So entsteht ein neuer Loyalitätskonflikt.

Jeder Partner hat seine eigenen Regeln für die eigenen Kinder

Kinder akzeptieren die Regeln der eigenen Eltern leichter als die des Stiefvaters bzw. der Stiefmutter. Stellen die nicht leiblichen Eltern Regeln auf, erreichen sie dadurch eher Widerstand, vor allem wenn diese das Gegenteil der gewohnten Regeln bei den abwesenden Eltern sind.

Es ist wichtig, sich über die Risiken und Herausforderungen bei einem Übergang zu einer neuen Familienkonstellation bewusst zu werden. Wenn man die Folgen nicht beachtet, kann das schnell schief gehen. So ist es zumindest Katja ergangen.

Katja will alles richtig machen

Katja ist seit sieben Jahren verheiratet und hat keine Kinder. Als sie Philipp kennen lernt, beschließt sie nach zwei Monaten, bei ihm einzuziehen. Philipp ist 22 Jahre älter als sie, Witwer und Vater von zwei Kindern (12 und 14). Philipp hat ihr genau beschrieben, wie schwer die Kinder es mit der lang anhaltenden Krankheit ihrer Mutter hatten. Katja nimmt sich vor, für die beiden eine gute Mutter zu sein. Aber schon nach drei Monaten bemerkt sie, dass die Kinder immer öfter zu ihrer Oma wollen. Mit der Akzeptanz läuft es nicht so glatt, wie sie es gehofft hatte. Ihre Enttäuschung nimmt zu, als die Kinder ihre Autorität nicht annehmen und ihr klipp und klar sagen: »Du hast uns nichts zu sagen. Du bist nicht unsere Mutter!« Dazu kommt noch, dass Philipp mehr Verständnis für die Kinder aufbringt als für sie. Katja fühlt sich isoliert. Als sie nach vier Monaten Philipp mitteilt, dass sie sich eigene Kinder mit ihm wünscht, bricht eine echte Krise aus. Philipp will bei so einem großen Altersunterschied keine Kinder. Für sie ist jedoch ein eigenes Kind wichtig, gerade weil sie sich so allein fühlt. Nach zehn Monaten steht sie wieder vor der Tür ihres ersten Mannes. Zwei Jahre später erst erkennt sie, dass sie einen großen Fehler gemacht hat. Sie war einfach über beide Ohren in Philipp verliebt und dachte, dass die Liebe alle Hindernisse überwinden könnte.

Phase 5: In der Sackgasse

Nachdem die Wahrheit über eine Affäre mit einer dritten Person ans Licht gekommen ist, ist die Krise beinahe unvermeidlich. Diese Krise kann sich über einen längeren Zeitraum hinziehen, und die meisten Partner entscheiden sich früher oder später, den anderen Partner und die Familie zu verlassen oder die Affäre zu beenden.

Viele untreue Partner werden in dieser Phase durch ihren Partner oder von der Familie unter Druck gesetzt, damit sie einen Entschluss fassen: *»Du musst dich entscheiden: ich oder sie.«* Das wird auch am Beispiel von Beate beschrieben.

Mein Mann muss sich entscheiden!

»Wir kennen uns jetzt zwanzig Jahre und haben ein behindertes Kind zusammen. Mein Mann hat eine Geliebte. Jetzt weiß er nicht mehr, was er tun soll. Er hat Angst vor dem Neuen und tut plötzlich so, als sei alles in unserer Beziehung gut. Er hat mir erst nichts über seine Beziehung erzählt. Wahrscheinlich habe ich ihm zu viel Freiheit gegeben. Die hat er missbraucht. Warum hat er nicht gesagt, dass er Probleme hat? Er ist ein sehr verschlossener Mann. Nun übernachtet er manchmal bei der Freundin, manchmal kommt er nach Hause. Das ist nicht vorhersehbar. Wenn er sich für die Freundin entscheidet, muss er eben gehen. Dann will ich ihn nicht mehr sehen. Das ist eben das Risiko dieser Entscheidung.«

Sich nicht entscheiden können (oder wollen)?

Es ist nicht einfach, sich zu entscheiden. Viele Paare geraten in eine Sackgasse; das kann sich über Wochen, Monate, manchmal sogar über Jahre hinziehen. *Manche wollen sich entscheiden, können es aber nicht.* Genau wie in der Geschichte von Anton empfinden sie es als schwierig, eine eindeutige Entscheidung zu fällen.

Anton will nicht mehr auf zwei Festen gleichzeitig tanzen

Anton (40) erzählt: »Ich bin siebzehn Jahre mit meiner Frau verheiratet. Wir kennen uns seit zweiundzwanzig Jahren. Schon in der Zeit, als unsere Kinder geboren wurden, fühlte ich mich als Partner nicht mehr so wichtig. Meine Frau wollte nichts mehr mit mir allein unternehmen. Jetzt habe ich seit einem Jahr eine Beziehung zu einer anderen Frau. Die Frau ist ebenfalls verheiratet und hat zwei Kinder. Sie will mit mir zusammenleben. Ich bin unglaublich verliebt in sie. Sie arbeitet in einem Betrieb hier in der Gegend.

Für beide Frauen habe ich sehr starke Gefühle. Ich kann mich nicht für die eine oder die andere entscheiden. Ich finde alles so verwirrend. Meine Frau findet, dass ich ständig meine Meinung wechsele. Sie hat das Gefühl, sie muss abwarten, bis ich mich entschieden habe. Selbst kann sie nichts tun. Es geht immer schlechter mit ihr. Wenn ich bei ihr bleibe, verletzt sie das; wenn ich gehe, auch. Meine Freundin verletze ich ebenfalls, egal wie ich mich entscheide. Wenn ich wirklich einen Entschluss fasse, ist immer eine von beiden benachteiligt. Meine Frau sagt, dass ich die Frau meines Lebens gefunden habe. Und unsere Situation lasse sich doch nicht mehr verbessern. Sie findet es so schwer, miteinander zu reden. Die Narben sind schon zu tief. Ich bin ein schlechter Mann. So kann es nicht weitergehen. Wie schwierig es auch ist, ich muss eine Entscheidung fällen. Ich kann nicht noch länger auf zwei Partys gleichzeitig tanzen.«

Obwohl Anton also eine eindeutige Entscheidung fällen will, schafft er es trotz der inneren Zerrissenheit nicht.

Manche Partner sagen zwar, *sie könnten sich nicht entscheiden.* Sie tun so, als wollten sie eine Entscheidung fällen: weggehen oder bleiben. Doch in Wirklichkeit wollen sie beide Beziehungen gleichzeitig. Aber *keine Entscheidung ist auch eine Entscheidung.* Manche lassen sich schnell davon überzeugen, dass man zu einer Entscheidung kommen muss. Wenn das nur so einfach wäre! Man tappt leicht in eine Falle, da man eigentlich noch gar nicht bereit ist, sich zu entscheiden. Viele Menschen wollen sich nicht entscheiden. Sie wollen sowohl die Beziehung zum festen Partner behalten als auch die Affäre weiterführen. Das ist auch eine Entscheidung. »Ich will meine Frau nicht verlassen, da ich gerne mit ihr zusammen bin. Und meine Geliebte bedeutet mir ebenfalls viel; darum will ich sie nicht aufgeben.« Auf diese Weise gerät man in eine Sackgasse. Jakob ist ein Beispiel dafür.

Jakob und Anna stecken in der Sackgasse

Anna bittet angesichts ihrer Beziehungsprobleme um Hilfe. Anna und Jakob sind ungefähr fünfzig Jahre alt. Sie habe eine harmonische Familie mit drei inzwischen erwachsenen Kindern. Anna war immer eine große Stütze in Jakobs Leben. Vor einigen Wochen entdeckte sie, dass er eine Beziehung zu einer viel jüngeren Frau hat. Die Beziehung besteht schon seit fünf Jahren. Jakob hat die Beziehung verheimlicht, um Anna nicht zu verletzen. In der Therapie zwingt Anna ihn, sich zu entscheiden. Sie droht mit Selbstmord, wenn er die Affäre nicht beendet. Da seine Frau es nun weiß, stellt auch seine Geliebte ihn vor die Wahl. Er muss sich entscheiden.

Der Therapeut begleitet beide Partner. Beide sollen noch einmal genau über die Situation nachdenken. Jakob ist völlig verwirrt. Nachdem man die Situation analysiert hat, wird deutlich, dass er sich noch gar nicht entscheiden will. Er liebt seine Frau und will die Freundin behalten. Das wird ihm erst nach einigen Therapiesitzungen klar.

In manchen Fällen befindet sich ein Partner in einer Sackgasse, ohne dass der andere etwas davon ahnt.

Ellen im Zwiespalt

Ellen ist 42 Jahre alt, hat eine gesunde Familie mit drei Töchtern und einem Mann, der hart arbeitet. Sie war immer glücklich. Bei der Arbeit trifft sie einen Kollegen, in den sie sich Hals über Kopf verliebt. Sie beginnen eine geheime Beziehung. Es wird die Liebe des Lebens. Doch keiner der beiden will den Schritt machen, sich vom festen Partner zu trennen. Ellen fragt sich oft, ob das, was sie tut, richtig ist. Aber trotzdem will sie nicht aufhören. Sie will ihren Freund nicht verletzen, will jedoch gleichzeitig die Intensität der Verliebtheit nicht missen. Ellens Mann weiß nichts von ihrem Zwiespalt. Er ahnt auch noch nichts.

Es sieht so aus, als schlitterten viele Paare in die Sackgasse. *Beide Partner sind unentschlossen.* Der untreue Partner würde am liebsten alle beiden Beziehungen aufrechterhalten. Doch auch der feste Partner fällt keine Entscheidung. Auf der einen Seite muss die Affäre beendet werden, auf der anderen Seite will er sich nicht von seinem Partner trennen, auch wenn er weiterhin fremdgeht. Der feste Partner entscheidet sich auf diese Weise für einen Partner, der sich nicht auf eine ausschließliche Beziehung einlässt. Diese Situation geht jahrelang so weiter, auch wenn schon oft mit einem Ultimatum gedroht wurde. Keiner der Partner traut sich eine Entscheidung zu fällen, die zu einer Trennung führen könnte.

In diesem Prozess ist es wichtig, herauszufinden, was man eigentlich selbst möchte und inwiefern sich diese Vorstellung von den Wünschen des Partners unterscheidet. Oft lässt man sich eher von den Vorstellungen der Gesellschaft beeinflussen oder von dem, was die Umgebung (Eltern, Kinder) von einem erwartet. Es spricht nichts dagegen, diese Meinungen mit einzubeziehen, aber am Ende muss man doch selbst eine Entscheidung fällen. Der beste Ausgangspunkt dafür ist die eigene Meinung.

Das homöostatische Gleichgewicht

Es ist oft schwierig, die eigene Entscheidung dem Partner klipp und klar mitzuteilen. Das ist meist ein sehr emotionaler Augenblick.

Im Idealfall kommt man mit dem Partner gemeinsam zu einer Entscheidung. Aber diese Idealvorstellung wird im wirklichen Leben nur in den wenigsten Fällen realisiert. Dazu braucht man viel Kraft und muss viele gemeinsame Gespräche führen. Manche Partner können gut zusammen über die Situation sprechen, trauen sich dann aber nicht, wirklich den Sprung zu wagen. Oft spielt das Verantwortungsgefühl, vor allem gegenüber den Kindern, eine wichtige Rolle.

Viele Partner erkennen nicht sofort, dass eine Sackgasse manchmal die beste »Entscheidung« ist; sie führt auch zu viel Leid, und man braucht die ganze Energie. Die Ausweglosigkeit kann besser sein als jeder weitere Schritt. Es ist ein zeitweiliges *homöostatisches Gleichgewicht*. Der Verlust einer Trennung wäre noch zu belastend. Man kann sich auch noch nicht ausschließlich für den neuen Partner entscheiden, da dies zu verletzend für den alten Partner, die Familie oder Kinder wäre oder weil man selbst zu viel aufs Spiel setzt. Und wenn man sich für den festen Lebenspartner entscheidet, ist da die Angst, dass man den neuen Partner vermissen wird. Für den festen Partner ist es nie ein einfacher oder angenehmer Schritt, den anderen zu verlassen, vor allem, da man diese Situation nicht selbst gewählt hat. Der Verlust wäre größer als der Gewinn.

Heike bleibt trotz allem ...

Heike (38) bleibt trotz aller Klagen bei ihrem Mann Thomas. Thomas hat seit fünf Monaten eine außereheliche Beziehung, die er nicht beenden will. Im Moment wohnen Heike und Thomas getrennt. Sie haben zusammen zwei kleine Kinder von vier und fünf Jahren. Heike will eine neue Chance. Er ist schon seit Jahren unzufrieden und behandelte sie wie ein Dienstmädchen. Sie können nicht miteinander sprechen. »Was soll ich tun?«, fragt sie sich. »Soll ich zum Anwalt gehen und mich scheiden lassen? Aber die Wohnung, in der ich mit den beiden Kindern lebe, gehört Thomas. Ich habe nur einen Teilzeitjob. Soll ich ihn verklagen? Das habe ich schon probiert. Aber Thomas hat mich vor dem Richter lächerlich gemacht. Er sagte, dass ich lüge und impulsiv handle.« Thomas hat auch Ärger mit Heikes Eltern. »Wenn die Kinder nicht bei mir sind, mache ich mir große Sorgen. Er hat sich früher nie um sie gekümmert.«

Obwohl Heike eigentlich erkennt, dass die gemeinsame Beziehung mit ihrem Mann keine Zukunft mehr hat, schafft sie es nicht, endgültig einen Schlussstrich zu ziehen. Der Verlust bei einer Scheidung wäre zu groß.

Eine Regel für beide Partner

Wenn ein Partner sowohl die Beziehung zu seinem festen Partner als auch die zum neuen Partner aufrecherhalten möchte, so sollte er unserer Meinung nach dafür sorgen, mit beiden Partnern im gleichen Maße schöne und angenehme Dinge zu unternehmen. Schließlich würden dann wirklich beide Partner gleich behandelt. Die netten Dinge, die der neue Partner bekommt, verdient auch der alte Partner: ein Essen zu zweit, ein Ausflug am Wochenende, ein besonderes Konzert oder ein Theaterstück. Warum sollte der alte Partner nur die negativen Folgen einer Dreiecksbeziehung ertragen, während der neue alle positiven Seiten erlebt? Wer beide Beziehungen aufrechterhalten will, muss auch in beide Beziehungen investieren. Und solange die ursprüngliche Beziehung bestehen bleibt, sollte man diese auch festigen. Alle Dinge, die man mit der dritten Person gemeinsam macht, sollte man auch mit dem ursprünglichen Partner tun, den man schon viel länger kennt.

Sprechen Sie Ihre Wünsche aus!

In vielen Fällen dreht sich in der ursprünglichen Beziehung alles nur noch um den neuen Partner. Der alte Partner klagt darüber. Es gibt nur noch ein Thema für beide: die Beziehung mit dem Dritten. Hier kann es helfen, wenn der alte Partner mehr in die feste Beziehung investiert und der untreue Partner um mehr Aufmerksamkeit bittet. Im Prinzip geht es um die bekannte Regel in einer Beziehung: Sage nicht, was du *nicht* willst, sonders, was du willst. Zum Beispiel kann man anstelle von »Ich will nicht, dass du den anderen so oft siehst« besser »Ich möchte gerne mehr Zeit mit dir verbringen« sagen. Der feste Partner sollte am besten um positive Dinge bitten: mehr Zeit, mehr Zuneigung, mehr gemeinsame schöne Dinge tun, mehr intimen sexuellen Kontakt. Diese positiven Bitten sind die Übersetzung eines Wunsches, den man nicht erzwingen kann: »Ich will gefühlsmäßig für dich die/der Wichtigste sein!« Um einen Gefühlszustand kann man nicht bitten, um ein bestimmtes Verhalten dagegen schon.

Mariette will auch Aufmerksamkeit, Zeit und Liebe

Als Mariette die Affäre ihres Mannes entdeckt, ist sie aufgebracht. Erik sprach bisher nur von einer guten Freundschaft mit Britta. Doch jetzt weiß es Mariette besser! Er kam oft ohne eine Erklärung spät nach Hause. Die Telefonrechnung war plötzlich doppelt so hoch und, als Mariette die Nummern verglich, stellte sie fest, dass immer die gleiche Nummer gewählt wurde: die von Britta. Mehr Beweise brauchte sie nicht; er hatte eine Affäre. Doch sie schweigt aus Angst, dass er sie verlassen könnte und, um den Ärger wegen der Kinder zu vermeiden. Sie wäre bereit, die Beziehung zu ihm aufrechtzuerhalten, solange er sie weiterhin gut behandelt, alle vierzehn Tage mit ihr in ein Restaurant zum Essen geht und den Sonntagmittag mit ihr und den Kindern verbringt. Das sind ihre Bedingungen.

Wo sind die Grenzen?

Wie im letzten Beispiel mit Mariette können die Partner im zähen Gang der Dinge nach akzeptablen, gemeinsamen Lösungen suchen. Unter welchen Bedingungen ist die Affäre zur dritten Person erlaubt? Manche Paare können sich auf bestimmte Absprachen einigen.

Die Rolle des Dritten

Im Lauf der Zeit spielt natürlich auch die dritte Person eine Rolle. Ist sie allein stehend, oder hat sie eine feste Beziehung? Hat sie für die Zukunft ernsthafte Absichten, was die neue Beziehung angeht? Oder handelt es sich nur um eine Affäre nebenbei? Will sie eine eindeutige Entscheidung?

Wenn auch der Dritte eine Beziehung hat, wird man wahrscheinlich zunächst überprüfen, wie man die gemeinsame Zukunft sieht. Die Zweifel des einen daran, ob er den Partner oder die Familie verlassen soll, lassen die Zweifel des anderen größer werden. In dieser Situation bleibt man noch länger in der Sackgasse stecken. Wenn der Dritte seriöse Zukunftspläne mit der Beziehung hat, steigt der Druck, zu einer Entscheidung zu kommen. Manche neue Partner sehen die Affäre nur als ein zeitlich begrenztes Abenteuer. Für sie wird ihre Beziehung dadurch gar nicht infrage gestellt. Eine weitere Gruppe der neuen Partner bevorzugt sogar eine Beziehung mit einer verheirateten Person. Ein verheirateter Partner ist relativ gesehen treu und kann einem meist Verständnis und Unterstützung entgegenbringen. Der Vorteil ist, dass man sich nicht an sie zu binden braucht. Das ist sehr praktisch und viel unkomplizierter. Diese Gruppe der dritten Partner wird keinen Druck auf den verheirateten untreuen Partner dahingehend ausüben, dass man seinen Lebensgefährten verlassen soll.

Ist eine zeitliche Trennung eine Lösung?

Diskussion

Ist eine zeitliche Trennung eine Lösung?

Maureen: Ich glaube nicht daran. Eine zeitliche Trennung ist meist der Anfang vom Ende.

Fons: Meiner Meinung nach ist eine vorzeitige Trennung nur sinnvoll, wenn man schon weiß, dass man sich trennen will, aber noch überprüft, ob man allein leben kann oder ob ein Zusammenleben mit dem neuen Partner möglich ist. Ansonsten ist eine zeitliche Trennung wenig sinnvoll.

Maureen: Und wenn es zu heftigen Gefühlsausbrüchen kommt? Kann man dann zeitweilig auseinander gehen, bis sich die Gemüter wieder beruhigt haben? So wird es dann zumindest nicht schlimmer.

Fons: Ich denke, dass das auch nicht sehr sinnvoll ist. Konflikte und Spannungen müssen erst gelöst werden.

Maureen: Aber wenn die Situation wirklich gefährlich ist, sehr destruktiv? Sollte man sich dann besser eine Zeit lang nicht sehen und in Ruhe lassen?

Fons: Vielleicht hast du Recht. Aber dann ist die Gefahr groß, dass der Konflikt wieder von vorne losgeht, sobald man erneut zusammenkommt.

Maureen: Ja, so sehe ich das auch. Oft will sich der untreue Partner auch zeitweilig vom festen Partner trennen, um auf diese Weise mehr Zeit und Raum für die neue Liebe zu haben.

Fons: Der einzige Grund dafür, zeitweilig auseinander zu ziehen, wäre, dass es zu Gewalttätigkeiten kommt. Das ist der Fall, wenn der feste Partner sich nicht beherrschen kann und seine Wut über die Affäre die Oberhand gewinnt.

Maureen: Dann ist die zeitweilige Trennung eine Art Schutz vor körperlicher Gewalt.

Eine zeitweilige Trennung, um zu sehen, wie es läuft

Michael, ein Mann um die dreißig, berichtet, dass seine Frau vor vier Jahren eine Affäre hatte, die ein Jahr lang dauerte. Vor drei Jahren hatte sie erneut ein Verhältnis. »Als ich ein Jahr nach der ersten Affäre alles entdeckte, war das ein ziemlicher Schock für mich. Wir hatten eine heftige Krise. Inzwischen ist unser drittes Kind geboren, und ich habe gerade seit sechs Monaten eine Liebesaffäre. Ich bin jetzt so weit, meine Frau zu verlassen, aber sie ist völlig durcheinander. Für sie kam es wie ein Blitz aus heiterem Himmel. Wir haben uns geeinigt, uns für ein halbes Jahr zu trennen und zu schauen, wie sich alles entwickelt. Aber wir haben nur wenig gemeinsame Interessen oder Hobbys. In dem halben Jahr bin ich ihr nicht näher gekommen, wir haben uns nur noch weiter auseinander entwickelt. Ich habe ihr gesagt, dass ich sie eigentlich verlassen will. Aber oft zweifele ich auch. Sie weiß sich in dieser Situation überhaupt keinen Rat mehr.«

Ein Freibrief

Viele Partner suchen eine Entschuldigung oder Ausrede, um ihre Affäre zu rechtfertigen. Manche geben den Mangel an Liebe oder jahrelangen sexuellen Frust als Rechtfertigung an. Der feste Partner wird in einem solchen Moment alarmiert, etwas an der Beziehung zu ändern.

Fabian will unbedingt an seinen Problemen arbeiten

Fabian (43) will unbedingt an seinem Problem arbeiten. Er leidet an Erektionsschwierigkeiten. Christine (41) hat das nicht so gestört. Zumindest hat sie sich nie darüber beschwert. Vor zwei Wochen hat Fabian herausgefunden, dass Christine schon seit drei Jahren eine Beziehung mit einem anderen Mann hat. Er wusste nichts darüber und will jetzt alles tun, um sie zurückzugewinnen. Er fragt Christine, an welchen Punkten er nicht gut genug war als Ehemann. Sie antwortet: »Du warst immer ein guter Mann. Du warst liebevoll zu den Kindern und hast uns alle versorgt. Nur in sexueller Hinsicht hatte ich höhere Erwartungen an dich. Es lag an dir, dass ich nie einen Höhepunkt erreicht habe.« Fabian versucht sofort, eine Lösung dafür zu finden. Wenn das der einzige Grund ist, ihn zu verlassen, besteht noch Hoffnung, Christine zurückzugewinnen.

In einer solchen Situation müssen beide Partner jedoch oft schmerzlich herausfinden, dass eine Rettung für eine weit fortgeschrittene Krise im letzen Moment nicht mehr möglich ist. Schließlich schleppte sich das Problem schon jahrelang durch ihre Beziehung. Erst Jahre später wird das Problem an der Oberfläche sichtbar. Der feste Partner merkt, dass er den Lebenspartner zu verlieren droht. Er will alles tun, um die Situation zu verbessern, und erfährt dann auch häufig, dass die angebotene Hilfe von seinem Partner abgewiesen wird. Im oben angeführten Beispiel vereinbarte Fabian sofort einen Termin mit seinem Arzt, um sein Problem mit ihm zu besprechen. Aber als im Laufe der Therapie deutlich wird, dass Christine ihm dabei helfen und ihr Sexualverhalten verändern müsste, verweigert sie jegliche Mithilfe. In diesem Beispiel bleibt die Frage offen, ob die sexuellen Probleme der Grund dafür waren, dass sie fremdging oder ob sie die Probleme als Entschuldigung zum Fremdgehen benutzt. Genau wie bei Christine gibt es viele Partner, die in einer solchen Lage alle Lösungsversuche ablehnen. Wenn es nämlich wirklich zu einer Lösung des Problems käme, könnte Fabian möglicherweise von ihr erwarten, dass sie die Affäre beendet. Und das will sie nicht.

In einer derartigen Situation gibt es dann keinen Ausweg, man bleibt in der Sackgasse. Auf der einen Seite beschuldigen die untreuen Partner den anderen, dass die Ursache dafür, dass sie fremdgehen, bei ihm läge. Auf der anderen Seite wollen sie die entsprechenden Probleme nicht beheben. Und sollte sich die Beziehung bessern, wollen sie auf jeden Fall die Beziehung zum Dritten nicht mehr aufgeben.

Die Machtlosigkeit

Die Phase, in der man sich in der Sackgasse befindet, ist durch eine ausgeprägte Machtlosigkeit beider Partner gekennzeichnet. Manche Partner schaffen es nicht, ihren Gegenpart zu überzeugen. Oft hofft der feste Partner auf außenstehende Menschen, die den untreuen Partner überreden könnten, in der alten Beziehung zu bleiben und sich vom neuen Partner zu trennen. Zu diesem Zweck werden oft die Eltern oder Freunde mobilisiert.

Die Ausweglosigkeit kann lange Zeit bestehen bleiben. Je länger diese Phase anhält, desto größer werden die unterdrückte Wut und die Frustration und desto schwerer heilen die Wunden. Aber glücklicherweise kommt auch diese Phase zu einem Ende.

Phase 6: Die Affäre endet

Manchmal geht die Affäre nach der Entdeckung sofort zu Ende. Einige feste Partner hoffen, dass sie die Außenbeziehung irgendwann akzeptieren können. Die Beziehung zur dritten Person ist dann für andere Bekannte kein Geheimnis mehr. Andere versuchen ängstlich, die Beziehung auch weiterhin geheim zu halten (zumindest hoffen sie das). Andere Paare bleiben in der Sackgasse stecken, sie können sich nicht entscheiden, und die Affäre zehrt an ihrer Beziehung. Früher oder später wird das Verhältnis dann aufhören, da es keine Zukunftsperspektive hat. Das kann ein Hoffnungsschimmer für den festen Partner sein: Was lange währt, wird endlich gut.

Die Affäre kann auf sehr unterschiedliche Weise zu Ende gehen.

Eine positive Entscheidung für die Familie

Der untreue Partner entschließt sich, die Außenbeziehung zu beenden. Er entscheidet sich für die ursprüngliche Familie oder die ursprüngliche Beziehung. Vielleicht sieht der untreue Partner ein, dass die neue Beziehung keine Perspektive für die Zukunft bietet und darum keinen Sinn ergibt. Auf lange Sicht hilft es allen beteiligten Personen, auch der dritten Person, wenn der untreue Partner in seiner Entscheidung konsequent ist. Es ergibt keinen Sinn, eine Verbindung zum Dritten aufrechtzuerhalten, da man ihn lieber nicht verletzen möchte. Das schafft nur Verwirrung, und es fehlt weiterhin an Eindeutigkeit.

Ein plötzliches Ende

Manche Partner beenden die Außenbeziehung sofort, nachdem der feste Partner etwas darüber herausgefunden hat. Es gibt verschiedene Gründe dafür: der gefühlsmäßige Schock, eine Krise in der Familie, die Verletzung des anderen, die Angst vor negativen Folgen, die Auswirkungen auf die Kinder. Die Außenbeziehung geht ganz plötzlich zu Ende.

Nach langem Hin und Her

Viele Partner schaffen es nicht, die Beziehung sofort zu beenden. Manche Affären enden erst nach einer langen Zeit mit häufigem Hin und Her. Bisweilen kommt es zu kurzen Unterbrechungen in der Affäre: Man will den anderen gehen lassen, aber fühlt sich dann doch wieder voneinander angezogen. Beide Partner erkennen, dass es besser wäre, die Affäre zu beenden, lassen sich aber von ihren Gefühlen leiten. Wenn die Affäre beendet wird, heißt dies noch lange nicht, dass sich beim untreuen Partner alle Liebesgefühle für den anderen und seine Anziehungskraft in Luft auflösen. Es hat dann nur den Anschein, als sei die Affäre zu Ende. Man tut so, als wolle man wirklich aufhören. Doch trifft man sich weiterhin insgeheim und ist besonders vorsichtig. Dabei spielt der Dritte natürlich auch eine wichtige Rolle. Meist wird er alles daran setzen, den Kontakt aufrechtzuerhalten. Für den festen Partner ist dieses Hin und Her eine Quelle der Unsicherheit. Er weiß nicht, woran er ist. Doch der untreue Partner kann nicht deutlicher werden, da seine Gefühle einfach nicht eindeutig sind.

Wenn der feste Partner entdeckt, dass die Affäre insgeheim fortgesetzt wird, kann dies zu einer erneuten Krise und manchmal zum endgültigen Bruch in der ursprünglichen Beziehung führen. Häufig können die festen Partner ihrem untreuen Gefährten einmal verzeihen. Wird die Affäre dann aber wieder fortsetzt, wird es schwieriger, dem anderen zu vergeben.

Diese Zeit des Hin und Her endet erst, wenn man sich wirklich entscheidet, keinen Kontakt mehr miteinander zu haben und sich auch an diese Vereinbarung hält.

Ein gemeinsamer Entschluss

In einigen Fällen beschließt der untreue Partner zusammen mit dem Dritten, dass es besser ist, Abstand voneinander zu nehmen und die Beziehung zu beenden. Das Ende ist dann ein gemeinsamer Beschluss.

> **Sabine und Erik entscheiden sich für einen kurzen Prozess**
> »Wir sind verrückt aufeinander. Irgendwie haben wir ein ganz besonderes Verhältnis zueinander. Aber wir sind nicht frei. Es ist gut so, wie es war. Wir sind froh, dass wir das so erfahren durften. Es ist besser, jetzt auseinander zu gehen, auch wenn es zunächst schmerzhaft ist. Wir sollten uns besser nicht mehr sehen, vielleicht hin und wieder einen sporadischen Kontakt pflegen.«

Der Dritte beendet die Affäre

Manchmal ist es der Dritte, der die Affäre beendet. Auch diese Variation kommt vor. Oft geschieht es unter dem Druck des festen Partners oder aus moralischen Gründen. Auch die Umgebung, die Familie oder die eigenen Kinder können den Druck größer werden lassen. Für den Dritten ist es einfacher, das Ende der Beziehung zu verarbeiten, wenn es sein eigener Entschluss ist.

Ist der neue Partner allein stehend, kann er oft lange genug auf eine eindeutige Entscheidung des anderen warten. Er will nicht länger warten. In unserer Praxis haben wir schon häufiger mit jungen allein stehenden Frauen gesprochen, die jahrelang bei einem verheirateten, älteren Mann auf eine Antwort darauf gewartet haben, ob er seine Ehe beendet oder nicht. Die Männer versprechen es zwar immer wieder, zögern aber, entsprechend zu handeln. Irgendwann erkennen die Frauen dann, dass die Männer ihre Entscheidung nie in die Tat umsetzen werden. Wir wissen heute auch aus verschiedenen Studien, dass die meisten untreuen Partner am Ende doch zu ihrem ursprünglichen Partner zurückkehren. Nur in den Fällen, bei denen die Beziehung auch vor der Affäre sehr unbefriedigend verlief, kann eine Beziehung zu einer dritten Person der Anlass sein, die Ehe zu verlassen.

Für die Dritten im Bunde gilt die Regel: Wenn ein untreuer Partner nach zwei Jahren seine ursprüngliche Beziehung noch nicht beendet hat, ist die Chance sehr gering, dass er dies je tut. Taten sagen mehr als Worte. Es gibt sehr traurige Beispiele, wie jemand sein ganzes Leben für einen möglichen Partner aufopfert, der jedoch am Ende nicht den entscheidenden Schritt macht. Eine Verbindung sollte eigentlich wachsen durch das, was man vom anderen erhält. Doch in diesem Fall wird die Verbindung dadurch gefestigt, dass man viel investiert.

Langsamer Abbau

Andere Partner bauen die Beziehung zu der dritten Person allmählich ab. Der Kontakt wird langsam weniger, und man sieht sich nicht mehr so häufig. In manchen Fällen kann die Affäre auch in eine Freundschaft umgewandelt werden. Bisweilen wird der Dritte dann ein gemeinsamer Freund des ursprünglichen Paares. Diese Alternative funktioniert reibungsloser, wenn auch der Dritte einen Partner hat. Im Ausnahmefall kann es dann sogar noch zu einer Freundschaft zwischen zwei Paaren kommen.

Die Affäre löst sich auf

Bei manchen Affären kann man erkennen, dass das Verliebtsein und die Anziehungskraft von selbst nachlassen. Die Beziehung zu Dritten lösen sich von selbst auf, da es häufig kein gemeinsames Ziel für die Zukunft gibt. Auch die Spannung wegen der Heimlichtuerei und wegen der Neuartigkeit geht vorüber. Ein fantastisches Beispiel für das Aufblühen und den Untergang einer Affäre wird im Theaterstück *Betrogen* vom Literatur-Nobelpreisträger Harold Pinter beschrieben. Die Geschichte wurde auch verfilmt. Sie beginnt mit dem Ende, nachdem die Affäre schon ganz vorbei ist, und geht dann zurück zum Beginn, zu den Momenten der großen erblühenden Leidenschaft. Es gibt keine bessere Beschreibung dafür, wie eine Außenbeziehung vollständig und radikal ausgelöscht wird.

Die Langeweile schlägt zu

Manche Beziehungen zu Dritten hören genauso plötzlich auf, wie sie begonnen haben. Die Gefühle füreinander werden schwächer, man sieht sich nicht mehr so oft, ist nicht mehr so interessiert am anderen. Die Lust und die Leidenschaft verwandeln sich in Gleichgültigkeit, man entfremdet sich voneinander. Beide Partner haben sich nichts mehr mitzuteilen. Es ist vorbei. Diese Einsicht kommt von selbst. Es ist kein Entschluss, sondern eine Feststellung. Beide warten nur darauf, wer sie als Erster ausspricht.

Immer das Gleiche

Patty und Karl haben seit acht Jahren ein außereheliches Verhältnis. Beide wissen, dass sie sich nicht scheiden lassen wollen. Jede Woche treffen sie sich einmal in einer Wohnung, die sie für diese Zwecke gemeinsam mieten. Zu Beginn sind die Treffen sehr leidenschaftlich, doch fehlt ihnen die Perspektive. Sie können nicht gemeinsam ausgehen, da sie ihre Beziehung vor der Außenwelt vollkommen geheim halten. Seit Jahren spielt sich das gleiche Ritual ab. Einer der beiden kauft ein, und dann kochen sie zusammen. Schon bald haben sie sich nichts mehr zu sagen. Sie erzählen sich ein paar Begebenheiten von der letzten Woche. Außer miteinander zu schlafen – wie jede Woche –, haben sie nichts miteinander zu schaffen. Sie müssen beide zugeben: »Die Langeweile schlägt zu.«

Aus der Sackgasse

Manche Umstände tragen dazu bei, dass man schneller aus der Ausweglosigkeit ausbricht.

Der feste Partner geht fremd

Daniela entdeckt zwei Quittungen

Nach einem jahrelangen Zwiespalt, ob sie sich von ihrem Geliebten Ronald trennen sollte, entdeckt Daniela bei der Steuerabrechnung ihres Mannes Fritz zwei Restaurantquittungen. Ihr Mann ist anscheinend ohne ihr Mitwissen mit einem Kollegen essen gegangen. Aber es steckt mehr dahinter ... Daniela macht sich auf die Suche. Das Restaurant liegt ungefähr 50 Kilometer von der Arbeitsstelle entfernt, und es handelt sich um ein eher teures Etablissement. Dort geht man nicht kurz zum Mittagessen vorbei. Ihr Mann hat öfter von einer Franziska gesprochen, einer jüngeren Mitarbeiterin. Als sie ihn darauf anspricht, ob die beiden ein Verhältnis miteinander haben, antwortet er gelassen: »Noch nicht richtig, aber es könnte sich etwas entwickeln. Aber du brauchst mir jetzt keine Standpauke halten, das ist nicht nötig.«

Daniela ist rasend vor Eifersucht. Jetzt ist es kein Problem mehr für sie, die Beziehung mit Fritz zu beenden.

Aus Danielas Geschichte lernen wir, dass sich plötzlich alle Aufmerksamkeit auf die neue Beziehung des festen Partners richten kann, obwohl man selbst fremdgeht. Die Eifersucht und die Angst, dass der andere einen verlassen könnte, können so überwältigend sein, dass die eigene Affäre nicht mehr wichtig ist.

Der Druck des festen Partners wird zu groß

> **Ein Selbstmordversuch als letzte Warnung**
> Wilhelm und Ellen haben seit fünf Jahren eine geheime Beziehung miteinander. Eines Tages beendet Wilhelm die Beziehung ganz abrupt. Er will mehr Abstand, da seine Frau eine Vermutung hat. Er will keinen Ehestreit. Er kennt seine Frau; sie kann völlig hysterisch werden. Ellen versteht die Welt nicht mehr: »Bin ich denn nichts mehr wert? Ich dachte, dass er mich liebt, dass ich die große Liebe für ihn war. Die Einzige! Ich war auch viel besser im Bett. Unsere Liebe war doch für die Ewigkeit gedacht. War alles nur erlogen?« Da Ellen nicht aufgibt und weiterhin den Kontakt mit Wilhelm sucht, bestätigt sich der Verdacht seiner Frau, dass die beiden etwas miteinander haben. Wilhelm kommt eines Abends nach Hause und sieht seine Frau auf dem Bett liegen. Sie hat eine zu hohe Dosis Schlaftabletten eingenommen. Für Wilhelm ist das die letzte Warnung. Ohne Zögern beendet er die Affäre mit Ellen. Ellen bleibt allein zurück.

Im nächsten Kapitel, bei der Verarbeitungsphase, sehen wir, wie sich Ellens große Liebe in Hass verwandelt.

Die dritte Person will nicht mehr an zweiter Stelle stehen

Manchmal beendet der Dritte die Affäre, da er merkt, dass es für die Zukunft keine Perspektive gibt. So erging es Heidi.

Heidi schiebt den entscheidenden Schritt hinaus

Heidi hat seit sieben Jahren eine Beziehung mit Fred. Ihr Mann Emil weiß darüber Bescheid. Zu Beginn gab es oft heftige Diskussionen. Emil übte einen starken Druck aus, dass sie die Beziehung beenden solle. Sie konnte das nicht und versuchte stattdessen, Emil viel Aufmerksamkeit zu schenken. In den letzten zwei Jahren sah es so aus, als toleriere Emil die Beziehung zu Fred. Heidi ist beiden Männern gegenüber nicht ehrlich. Vor Emil spielt sie die Gefühle herunter, die sie für Fred empfindet, um ihn nicht zu verletzen. Vor Fred verschweigt sie, dass sie immer noch regelmäßig mit Emil Sex hat. Indem sie ihn in dem Glauben lässt, dass sie nur mit Fred sexuellen Kontakt hat, wird sein Gefühl verstärkt, der Wichtigste für sie zu sein. Fred hat sie auch einmal unter Druck gesetzt, sich von Emil scheiden zu lassen und eine Wohnung für sich allein zu suchen, genau wie er das für sie mit seiner Frau getan hat. Heidi hat diesen Schritt stets hinausgezögert. Immer wieder hatte sie eine Ausrede, warum es nicht der richtige Augenblick war. In den letzten Jahren war es für Fred nicht so problematisch, da er sich auch noch zeitweise um seine Kinder kümmerte. Aber da diese inzwischen sechzehn und achtzehn Jahre alt sind und nicht mehr oft zu ihm kommen, hat er Heidi noch einmal aufgefordert, zu ihm zu ziehen. Er will abends nicht allein sein und darauf warten, wann es passend für sie ist. Aber sie findet weiterhin Entschuldigungen, sich nicht an ihn zu binden. »Mein Mann braucht Zeit, sich an den Gedanken zu gewöhnen.« »Nach der Prüfung der Kinder.« »Du musst auch deine Exfrau über uns informieren.« »Meine Mutter ist krank.«... Je mehr er nachhakt, desto mehr merkt er, dass sie noch gar nicht bereit ist, den Schritt zu machen. Sie sagt es zwar, aber tut es nicht. Als Fred eines Tages Astrid kennen lernt, steht sein Entschluss fest. Er beendet die Affäre mit Heidi und beginnt eine Beziehung mit Astrid.

Es kommt auch leicht zu Eifersucht aufseiten des untreuen Partners, wenn der Dritte eine neue Beziehung beginnt. Die Geschichte von Heidi und Fred hätte auch ganz anders ablaufen können. Heidis Eifersucht hätte solche Proportionen annehmen können, dass sie die neue Beziehung von Fred mit Astrid nicht ausgehalten hätte. Sie hätte sich in ihrer Eifersucht wegen des starken gefühlsmäßigen Drucks möglicherweise dazu entschlossen, ihren Mann wegen Fred zu verlassen.

Der untreue Partner erträgt die problematische Beziehung zum Dritten nicht mehr

Beide Partner vertrauen sich ihre Lebensgeschichte an und haben Verständnis füreinander. Die Nähe und die Vertrautheit kann aber zu Abhängigkeit und zu großen Erwartungen führen, die anschließend nicht erfüllt werden können. Die Geschichte von Isabella und Wim beschreibt diesen Prozess.

Die gleiche Lebensgeschichte

Wim und Isabella lernen sich bei der Aufnahme in der psychiatrischen Abteilung eines Krankenhauses kennen. Die Diagnose für beide war CFS, chronische Müdigkeit. Während einer gruppentherapeutischen Sitzung finden sie heraus, dass ihre Lebensgeschichte viele Parallelen aufweist. In ihrer Jugend haben sie wenig Zuwendung bekommen und waren immer auf der Suche nach Bestätigung. Beide haben eine Beziehung zu einem starken Partner, aber fühlen sich nicht von ihm verstanden. Dagegen haben Wim und Isabella sofort Verständnis füreinander. Sie beginnen heimlich eine Beziehung miteinander. Sie klammern sich aneinander fest. Die Schwierigkeiten beginnen nach ihrer Zeit im Krankenhaus. Isabella ist froh, wieder daheim zu sein bei den Kindern. Sie fühlt sich stärker und ist den Anforderungen des Lebens gewachsen. In der Beziehung zu Wim hat sie gelernt, dass sie eine Bedeutung hat und sie es wert ist, geliebt zu werden. Das hat ihr Selbstvertrauen ziemlich gestärkt. Aber für Wim hat sich nach seiner Heimkehr alles ganz anders entwickelt. Er vermisst Isabella und versucht regelmäßig, telefonisch mit ihr in Kontakt zu kommen. Er drängt sie dazu, ihn wieder zu sehen. Aus Mitleid geht sie auf seinen Wunsch ein, und sie treffen sich heimlich. Doch je häufiger sie sich sehen, desto depressiver wird Wim. Er kann nicht mehr ohne sie leben. Für Isabella wird es aber zu viel. Sie beschließt, den Kontakt mit Wim abzubrechen, obwohl es ihr schwer fällt.

Auch aus anderen Gründen, die eigentlich nichts direkt mit der Beziehung zu tun haben, kann eine Außenbeziehung schneller zu Ende gehen. Die Krankheit oder der Tod eines Kindes oder Familienmitgliedes kann zu einem schnellen Ende der Affäre führen. Durch solche einschneidenden Faktoren kann es in manchen Fällen plötzlich zu einer Distanz zwischen den beiden Geliebten kommen. Meinungsverschiedenheiten oder Unverständnis füreinander treffen aufeinander. Man ist enttäuscht von der anderen Person. Andere untreue Partner erkennen in solchen Situation erst, was der ursprüngliche Partner für sie bedeutet und wie stark ihre Verbindung zueinander ist. Sie kommen sich bei diesen Ereignissen näher. Ein anderes Beispiel für ein plötzliches Ende der Affäre kann ein Umzug sein, durch den der Abstand zwischen den Liebenden buchstäblich vergrößert wird.

Sich doch trennen

Manche Paare entscheiden sich am Ende – nach jahrelangen Zweifeln, Streitigkeiten und Auseinandersetzungen –, doch noch auseinander zu gehen. Der untreue Partner beschließt, den anderen zu verlassen.

Aber auch für den festen Partner kann sich die Situation so verändern, dass die Nachteile einer Scheidung an Bedeutung verloren haben. Als Inge das Haus ihrer Eltern erbt, verändert sich zum Beispiel plötzlich alles bei ihr, die fünf Jahre lang bei ihrem Mann bleibt, da sie keine andere Wohnung bekommen kann. Jetzt kann sie wirklich den Schritt wagen, ihren Mann zu verlassen. Auch Björn ergeht es so.

Für Björn ist es zu spät

Björn (52) erzählt, dass er während seiner Ehe mit Beate viele andere Frauen gehabt hat. Von allen Affären hat sich eine zu einer längeren Beziehung von zehn Jahren entwickelt. Seine Frau hat ihn aus dem Haus geworfen, als sie es herausgefunden hat. Doch haben sie sich nie offiziell scheiden lassen. Er ist damals mit der Freundin zusammengezogen. Vor einem halben Jahr hat auch diese Freundin ihn an die Luft gesetzt. Er bedauert seine Situation; er würde so gerne wieder den Kontakt zu Beate und seinen Kindern aufbauen. Aber seine Frau will einen Mann, der sich für sie entscheidet. Wegen der Kinder hat sie jahrelang toleriert, dass er fremdging und ihn weiterhin geliebt. Björn hat genug von seinem Lebensstil. All die Frauen machen ihn nicht glücklich. Er kann aber auch nicht allein sein. Er will zurück zu seiner Frau. Er fühlt sich machtlos in seiner Lage – allein und einsam. Er fleht seine Frau an, wieder mit ihr zusammenleben zu dürfen. Beate bleibt weiterhin auf Abstand und beschließt am Ende, sich von ihm scheiden zu lassen. Sie sagt: »Ich habe dir so viele Chancen geboten, neu zu beginnen. Jetzt ist es zu spät. Ich war auch immer allein, als die Kinder noch klein waren. Jetzt kann ich auch allein weiterleben. Ich brauche dich nicht mehr.« Für Björn ist es wirklich zu spät.

Phase 7: Die Verarbeitung

Die Verarbeitung einer Beziehung außerhalb der Zweierbeziehung kann erst beginnen, nachdem die Affäre beendet ist. Das Ende der Beziehung kann sehr unterschiedliche Gefühle hervorrufen: Gefühle der Erleichterung, des Verlusts, der Wut und Herzschmerz. Aber auch der untreue Partner hat ein Gefühl der Befreiung. Der feste Partner wird mit neuer Hoffnung beseelt, kann sich aber auch gleichzeitig verletzt, verärgert oder erniedrigt fühlen.

Eine große Rolle bei der Verarbeitung der Außenbeziehung spielt die Art und Weise, wie die Beziehung zu Ende gegangen ist. Wer setzt den Schlussstrich? Wie wird die Beziehung beendet? Gibt es eine positive Entscheidung für die ursprüngliche Beziehung oder Familie? Oder hat der dritte Partner den untreuen Partner im Stich gelassen? War es eine lang anhaltende Affäre? Hat der Partner moralischen Druck ausgeübt? Ist es wegen der Kinder zur Krise gekommen?

Aller Anfang ist schwer, auch bei der Verarbeitung

Nachdem die Affäre beendet wurde, beginnt eine schwierige Zeit – sowohl für die Partner persönlich als auch für ihre Beziehung. Wie wir im Verlauf der verschiedenen Phasen beobachten konnten, bringt eine Beziehung zu einer dritten Person viele Probleme mit sich. Manchmal lösen sich die Probleme schnell auf, manchmal dauert es jahrelang, bevor wieder ein gewisses Gleichgewicht gefunden wird. Beide Partner haben heftige, unterschiedliche Gefühle. Beide Partner müssen auf ihre Weise den Schmerz, die Wut und die Trauer verarbeiten. Die Frage ist: Können sie wieder zueinander finden, oder leben sie verbittert weiter? Können sie sich je wieder vertrauen? Kann die Beziehung wieder so werden, wie sie vor der Affäre war? Haben beide Partner in dieser Zeit etwas gelernt? Haben sie sich verändert? Können sie den anderen jetzt besser akzeptieren? Das sind die Fragen, mit denen viele Paare nach einer Affäre konfrontiert werden.

Diskussion

Ist eine Beziehung mit einer dritten Person immer schädlich, oder kann sie auch konstruktiv sein?

Fons: Ist eine Beziehung zu einer dritten Person immer schädlich? Was meinen wir dann eigentlich mit schädlich? Für wen oder was? Für den ursprünglichen Partner? Für den Partner, der fremdgeht? Für die Beziehung? Für die Kinder?

Maureen: Eine Beziehung zu einer dritten Person führt meist zu einer Krise. Die feste Beziehung wird in den Grundfesten erschüttert. Die Gefahr eines bleibenden Schadens ist groß. Dazu muss es aber nicht kommen.

Fons: Unter Schaden verstehe ich den Schock durch das gebrochene Vertrauen und die Erfahrung, dass man in extremer Form abgelehnt und verletzt wird. Man verletzt sich doch gegenseitig?

Maureen: Ja, aber trotz der heftigen Schmerzen, die es mit sich bringt, kann es auch positive Folgen für die Partner haben, die damit konfrontiert werden. Manchmal nimmt einer der Partner endlich einen klaren Standpunkt ein, ohne sich dabei zurücknehmen. Nach jahrelanger Unterdrückung sagt er endlich, was er will. Man wird ehrlicher und selbstständiger. Man traut sich, seine Gefühle auszusprechen, und das ist gut. Man nimmt weniger Rücksicht auf den Partner. Durch die Wut sagt der Partner zum Beispiel Dinge, die er sonst verschwiegen hätte. Dadurch lernt der andere Partner wiederum, Rücksicht zu nehmen.

Fons: Ich denke, dass die Verarbeitung ganz entscheidend ist.

Maureen: Ja, die Affäre kann konstruktiv sein. Aber das wird erst im Nachhinein deutlich, nachdem alles verarbeitet ist. Ich zumindest würde niemandem eine Affäre empfehlen, um so dem anderen etwas klar zu machen oder um etwas zu lernen! Die Schmerzen, die verursacht werden, sind einfach zu groß.

Fons: Aber man kann viel daraus lernen!

Maureen: Man lernt zum Beispiel, dem Partner, der fremdgegangen ist, mehr Aufmerksamkeit zu schenken. Viele Frauen erkennen, dass sie häufiger in sexueller Hinsicht die Initiative ergreifen müssen.

Fons: Andere lernen, dass man mehr miteinander reden muss. Die Partner, die sich in der Beziehung nur wenig miteinander ausgetauscht haben, entdecken durch eine Affäre, wie sehr sie sich voneinander entfremdet haben. Sie erkennen plötzlich, dass sie mehr miteinander reden müssen.

Maureen: Manchmal sagt auch der, der fremdgegangen ist, dass etwas in der Beziehung nicht stimmt. Sie suchen eine Entschuldigung für das, was passiert ist, oder schieben die Verantwortung ab.

Fons: In solchen Fällen sehen wir dann auch, dass der Partner alles tut, um den Wünschen des anderen entgegenzukommen. Zum Beispiel durch mehr sexuellen Kontakt oder mehr Gespräche.

Eine hoffnungslose Zukunft

Manchmal scheint nicht nur der Beginn der Verarbeitung schwierig zu sein, sondern die gesamte Zukunft ist allem Anschein nach hoffnungslos. Der untreue Partner wünscht sich vielleicht sogar das Ende des Lebens herbei. »Ich will nicht mehr.« Es kann zu Selbstmordgedanken kommen. Nach dem Bruch mit dem Dritten fühlt man sich in den Grundfesten erschüttert. Man kann sich auch keine Beziehung mit dem festen Partner mehr vorstellen. Die Beziehung kann durch alles, was sich ereignet hat, schwer geschädigt sein.

Zahllose Fragen und Beschuldigungen

Der feste Partner hat seit der Entdeckung der Außenbeziehung viele Fragen. Das ist verständlich, schließlich will er begreifen, was sich hier abspielt. Doch werden die Fragen häufig nicht offen geäußert, sondern es handelt sich eigentlich um Beschuldigungen gegen den untreuen Partner. Oft kommen in ihnen die Unsicherheiten und Ängste gegenüber Einstellung des Partners zum Ausdruck. Die eigentliche Botschaft der Frage ist eine andere als die Informationen über die Details. Man will Eindeutigkeit im Standpunkt des Partners. Was will er nun?

»Was hast du getan? Wo habt ihr euch verabredet? Wann habt ihr euch getroffen? Wie oft habt ihr zusammen Sex gehabt? Warum ist er besser als ich? Was hat er, was ich nicht habe? Warum hast du das getan? Warum hast du es verschwiegen?« All diese Fragen enthalten im Kern nur eine Botschaft: Man will vom Partner hören, dass er ein echtes Interesse am festen Partner hat und dieser ihm noch viel bedeutet. Die konkreten Antworten auf derartige Fragen bringen darum auch keinen Trost. Das sehen wir in der Geschichte von Jennifer und Jim.

Jennifer und Jim, zwei Dickköpfe zusammen

Die Vergangenheit verfolgt die beiden. Sie diskutieren immer wieder aufs Neue. Jennifer fragt sich, was sie falsch gemacht hat, weil Jim zu einer anderen gegangen ist. Auf der anderen Seite versucht Jim, Gründe zu finden, mit denen er seine Außenbeziehung entschuldigen kann. Jennifer zweifelt: »Ich weiß nicht mehr, wie ich mich fühlen soll.« Jim macht sich Sorgen, dass sie ihm nicht verzeihen kann. »Wir sind beide sehr dickköpfig.« Jennifer geht davon aus, dass es zu der Affäre gekommen ist, weil sie versagt hat. Ihrer Meinung nach sollten sie sich lieber trennen. Wenn Jim sie bittet, ein anderes Kleid anzuziehen, ist das ein Beweis für sie, dass er sie nicht mehr mag. Jennifer ist mit einem negativen Bild von Männern aufgewachsen. Männer wollen immer nur das eine, sie wollen nur Sex. Aber gerade die Schwierigkeiten in ihrem Sexualleben haben Jim dazu gebracht, eine Außenbeziehung zu beginnen. Wenn Jennifer ihn zurückweist und keinen Sex mit ihm hat, erlebt sie sich als der Boss in der Beziehung. »Er kann ruhig ein wenig leiden. Ich lasse ihn gerne etwas zappeln.« Sie kann aber nicht begreifen, warum er sie betrogen hat. »Wieder eine Vertrauensperson, die mich betrügt! Ich kann niemandem vertrauen.« Für Jim ist die Affäre schon lange abgeschlossen. Es war auch das erste Mal in den zwölf Jahren Ehe. Für Jennifer ist es aber noch nicht vorbei. Sie kann ihm nur schwer verzeihen. Wenn sie zusammen darüber sprechen, artet es in einen tagelangen Streit aus. Wegen der Affäre fühlt sie sich Jim gegenüber eigentlich machtlos. Früher war er noch eifersüchtig, wenn sie zu lange mit anderen Männern sprach. Wenn er jetzt Bemerkungen über andere attraktive Frauen macht, stürzt in ihr eine Welt zusammen. »Sobald andere Frauen ins Spiel kommen, sieht er mich nicht mehr«, findet Jennifer. »Wie können wir wieder Vertrauen zueinander gewinnen?« Ein anderes Problem für Jennifer ist, dass die Freundin von Jim älter und reifer ist. Auch kann sie Jim seit der Affäre nicht mehr küssen. Sie muss ständig an die andere denken. Das stört sie noch immer.

In vielen Fällen wirken die Antworten des Partners auf die Fragen nur negativ oder sogar destruktiv. Die Fantasie des Partners wird dadurch nur unnötig angeregt. Manchmal bekommt die Fragerei nach den Details auch wirklich perverse Züge. Der Partner will sich den Ablauf und die Ereignisse der Affäre mit allen Kleinigkeiten vorstellen. Es hat etwas von Voyeurismus. Der untreue Partner, der ehrlich alle Fragen beantwortet, tut dies aus einem Schuldgefühl heraus oder, um den anderen zu beruhigen. Er traut sich nicht, eine Grenze zu setzen. So verletzt und erniedrigt man sich selbst, ohne dass es wirklich zu positiven Resultaten führt.

Unrealistische Erwartungen

In der ersten Zeit der Verarbeitungsphase haben häufig beide Partner unrealistische Erwartungen aneinander. Der untreue Partner erwartet, dass der feste Partner die Vergangenheit sofort vergisst und *keinerlei Fragen mehr stellt.* »Ich habe die Beziehung doch beendet. Sprich also auch nicht mehr davon!« Aber man kann nicht erwarten, dass der andere keine Fragen mehr stellt. Manchmal ist der Drang, eine Frage zu stellen, stärker als der eigene Wille, es nicht mehr zu tun. Man sollte sich als Partner dagegen lieber fragen: Wollen wir wirklich darüber sprechen?

Nancy fleht ihren Mann im nächsten Beispiel an, darüber zu sprechen.

Nancy möchte darüber sprechen

Nach fünfzehn Jahre Ehe entdeckt Nancy, dass ihr Mann eine andere Beziehung hat. Es bricht eine Welt in ihr zusammen, als sie erfährt, dass die Beziehung schon seit fünf Monaten besteht. Sie bekommt Schlafprobleme, hat keinen Appetit mehr und wird immer dünner. Obwohl ihr Mann beteuert, dass die Beziehung aus ist, glaubt sie ihm nicht mehr. Ihr Vertrauen ist dahin. Wenn er nur fünf Minuten zu spät nach Hause kommt, ist sie schon beunruhigt. Sie will mit ihm darüber sprechen, aber er will kein Wort darüber verlieren. Sie will alles wissen, damit sie ihn nicht mehr kontrollieren muss. Sie will sich sicher sein, dass die Affäre wirklich vorbei ist. Er ist inzwischen etwas zuvorkommender geworden und hilft ihr im Haushalt. Auf diese Weise teilt er ihr mit, dass er sich um sie bemüht und sich für die Beziehung einsetzt. Aber er will nicht mehr darüber sprechen. Sie drängt weiterhin darauf, dass er alles sagt.

Genau wie bei vielen anderen Paaren will ein Partner über alles sprechen, während der andere Partner das nicht möchte. Er will vor allem in Ruhe gelassen werden.

Dem untreuen Partner ist zu empfehlen, den emotionalen Ausbruch oder das Klagen des Partners als notwendigen Schritt im Prozess der Verarbeitung zu sehen. Das ist wichtig, um anschließend den Weg gemeinsam gehen zu können. Manchmal jedoch fängt der feste Partner immer wieder aufs Neue mit der Affäre an. Auch in ganz unpassenden Situationen muss alles besprochen werden. Es ist nicht mehr konstruktiv. Der feste Partner will es eigentlich gar nicht verarbeiten, er will es immer wieder ansprechen. Er klagt über die Affäre und alles, was sich verändert hat. Warum tut er das? Was bringt es? Will man den Partner strafen? Ihm mitteilen, dass man sich verletzt fühlt? Ihn unter Druck setzen? Will man etwas Bestimmtes bekommen? Handelt es sich um eine Waffe im Ehestreit?

Wenn der feste Partner lang anhaltend und sehr häufig über die Vergangenheit jammert, ist es sinnvoller, die Gespräche darüber zeitlich zu begrenzen. So bekommt der treue Partner zum Beispiel jeden Abend nach dem Abendessen (und nur dann!) zehn Minuten Zeit (und nicht länger), um seinen Gefühlen Raum zu verschaffen. In dieser Zeit kann er unbegrenzt ausdrücken, wie verletzt er wegen der Affäre ist. Der untreue Partner hört schweigend zu. Er darf ihn nicht unterbrechen. Tagsüber muss sich der treue Partner dann an das Verbot halten, nicht über die Affäre zu sprechen.

Eine weitere unrealistische Erwartung des treuen Partners besteht darin, dass *die Gefühle für die dritte Person sofort vorüber sind und der untreue Partner wieder die ursprüngliche Liebe für den festen Partner empfindet.* Aber das ist nicht möglich. Das Ende der Affäre bedeutet nicht von einem Augenblick auf den anderen das Ende der Gefühle. Der feste Partner hat eigentlich Angst, dem anderen nie wieder vertrauen zu können.

Diskussion

Kann man dem anderen je wieder vertrauen?

Fons: Eine Frage, die immer wieder auftaucht: »Kann ich meinem Partner je wieder vertrauen wie zuvor?« Das Vertrauen ist beschädigt.

Maureen: Nicht nur das Vertrauen dem anderen gegenüber ist beeinträchtigt. Auch das Selbstvertrauen ist beschädigt. »Ich bin nichts mehr wert.« Das spielt vor allem bei vielen Frauen eine Rolle. Männer reagieren eher aggressiv. Frauen begehen im Extremfall eher Selbstmord. Männer würden dagegen als Reaktion schneller einen Mord am Partner begehen. Männer sind manchmal zu stolz und können nur schwer zugeben, dass sie verletzt sind. Bei manchen äußern sich die Probleme in der Beziehung darin, dass sie schlechter ihrer Arbeit nachgehen können.

Fons: Das ist aber ein anderer Aspekt als das Vertrauen zueinander. Die Heimlichtuerei und Lügerei sind vorbei. Aber kann man dem anderen wieder so vertrauen wie zuvor? Kann man davon ausgehen, dass es nicht wieder geschieht?

Maureen: Wahrscheinlich nicht. Das ursprüngliche Vertrauen ist für immer dahin. Aber ist das so schlimm? Vielleicht war das Vertrauen auch etwas naiv, blind und unrealistisch? Etwas mehr Wachsamkeit gegenüber dem Partner kann vielleicht gar nicht schaden.

Fons: Man erfährt zum ersten Mal und unwiderruflich, dass der andere einen belügen kann. Und es kann eben passieren, dass der andere fremdgeht.

Maureen: Es wird nicht immer gelogen. Einige Paare besprechen alles von Anfang an mit dem Partner. Sie durchlaufen zu zweit die ganze Affäre mit der dritten Person.

Fons: Man erfährt, dass man nicht mehr die einzige, die wichtigste Person für den anderen ist. Das ist eine gefühlsmäßige Verletzung.

Maureen: Für viele Partner ist der Umschwung von einer »ausschließlichen« Beziehung zu einer »wichtigen« nicht akzeptabel. Man war der Einzige und ist plötzlich nur noch der Wichtigste.

Fons: Es ist unglaublich, dass wir alle diesen Wunsch haben, für eine Person der Wichtigste oder Einzige zu sein! Warum ist es für unser Gefühl, geliebt zu werden, so wichtig, wie der andere uns sieht? Warum ist die Meinung des Partners für uns so entscheidend?

Maureen: Ich bin davon überzeugt, dass man erneut das Vertrauen aufbauen kann, auch wenn man etwas vorsichtiger geworden ist. Vertrauen muss wachsen.

Fons: Nicht nur die Worte des Partners haben einen Einfluss, sondern auch sein Verhalten. Wenn man weiterhin Kontakt hält mit dem festen Partner, zum Beispiel bei ihm wohnen bleibt, bei Festtagen die Familie besucht, statt in den dritten Partner zu investieren, zeigt man ihm, dass der feste Partner einem wichtig ist. Das Vertrauen wächst, wenn sich beide Partner an das halten, was sie sich gegenseitig versprechen: tun, was man sagt, und sagen, was man tut.

Wut

Während der ersten Verarbeitungsphase kommt es nicht nur zu unrealistischen Erwartungen und vielen Fragen, sondern auch zu viel Ärger und Wut. Da der feste Partner jetzt mehr Sicherheit hat, dass der andere ihn wahrscheinlich nicht verlassen wird, kann man die negativen Gefühle endlich herauslassen. Hätte man die Wut in einer früheren Phase zum Ausdruck gebracht, wäre der Partner womöglich gleich weggelaufen. Darum hat man sich mit seinen Gefühlen zurückgehalten.

Auch der untreue Partner muss sich in dieser ersten Phase der Verarbeitung mit aggressiven Gefühlen auseinander setzen. Wenn die Außenbeziehung auch beendet ist, so bedeutet dies noch nicht, dass sich alle Gefühle der Zuneigung und Liebe für die dritte Person ganz in nichts aufgelöst haben. Der untreue Partner ist wütend auf den festen Partner. Schließlich konnte seinetwegen die Beziehung zum Dritten nicht weiterentwickelt werden. Der feste Partner steht einem neuen oder anderen Leben im Weg. Aber die Wut gilt auch der dritten Person. Diese Gefühle sind zwar nicht immer erkennbar. Wenn der Geliebte die Affäre beendet, ist die Wut noch begründet und oft auch stärker. Der untreue Partner weiß sich dann häufig keinen Rat in seiner Trauer, seinem Schmerz und seiner Wut. Die Gefühle werden auf den festen Lebenspartner projiziert. Er bekommt dann die ganze Ladung der negativen Gefühle ab. So geht es bei vielen Paaren, auch bei Linda.

Linda hat Schuld

Linda, eine 36-jährige Frau mit drei Kindern zwischen zwei und sieben Jahren, erzählt die folgende Geschichte. Ihr Mann Stefan hatte eine Beziehung mit einer verheirateten Kollegin, die auch Krankengymnastin war. Die beiden Paare waren miteinander befreundet. Stefan und die Kollegin fuhren häufig zusammen zur Arbeit. Nachdem die Beziehung mit dieser Freundin nach einem Urlaub am Meer herauskam, ist Stefan zu ihr auf Distanz gegangen. Die Freundin fühlt sich gekränkt und weist ihn infolgedessen ab. Sie weigert sich, mit ihm weiterhin zur Arbeit zu fahren. Linda allerdings bekommt die ganze Schuld in die Schuhe geschoben. »Er ist sauer auf sie, aber ich bekomme die Schuld. Er macht mich vollkommen verrückt. Er rächt sich an mir dafür, dass sie ihn abblitzen lässt. Nachts liegt er zum Beispiel mit dem Rücken zu mir im Bett! Und was noch viel schlimmer ist: Er reagiert seine Wut auch an unseren Kindern ab.«

An diesem Beispiel wird deutlich, dass Stefan seine Wut und Enttäuschung an Linda abreagiert.

Wenn man negative Gefühle und Aggressionen äußert, so steigert sich dies oft bis hin zu Streitereien mit gegenseitigen Vorwürfen, die alles andere als konstruktiv sind. In dieser Zeit, kurz nachdem die Beziehung zur dritten Person beendet wurde, verletzen sich die Partner oft sehr. Die Beschuldigungen sind recht heftig. Jetzt ist Vorsicht angebracht! Nachdem die Beziehung entdeckt oder beendet wurde, versucht der feste Partner, die Affäre und ihre Bedeutung zu verstehen. Doch sind die endlosen Fragen, die eher als Beschuldigungen formuliert werden, eine Blockade für ein gutes und offenes Gespräch. Die Partner geraten ungewollt in einen Streit, der eskaliert, ohne dass die tiefer liegenden Gründe dafür, dass der eine fremdgegangen ist besprochen werden können.

Guido schlägt alles kurz und klein

Nachdem Nicole (32) ihre Affäre beendet hatte, haben Guido (33) und sie sich zeitweilig getrennt und sind jeweils zu den eigenen Eltern gezogen. Sie lebten seit fünf Jahren zusammen und haben eine vierjährige Tochter. In der Vergangenheit hatte Guido Nicole schon mehrere Male vor die Tür gesetzt. Seine Stimmung schwankt oft. Depressivität und Wutausbrüche wechseln sich ab. Er will sie weiterhin sehen und alles dafür tun, die Beziehung zu erhalten. Er wollte sie nie gehen lassen. Als er bei einer

Auseinandersetzung sehr verärgert war, hat sie ihn verlassen. Er hat sie auch zweimal geschlagen. Nachdem er die Fotos von Nicole mit ihrem Geliebten gesehen hat, ist er so rasend geworden, dass er Stühle und Tische durch die Wohnung schmiss. Schon seit längerer Zeit vermutete er, dass irgendetwas nicht stimmt. Eine SMS brachte die Affäre mit dem Freund ans Licht. Nicole beichtete Guido alles, und seine größte Angst war, dass er sie verlieren würde. Er sprach mit einem Schwager über die Situation und sie mit ihren Eltern. Wegen der Streitereien und Gewaltausbrüche hat sie sich völlig in sich zurückgezogen. »Irgendetwas ist in mir zerbrochen, als er meinen Computer in Stücke schlug.« Die Situation ist eskaliert, und die Spannung steigt weiterhin. Er hat immer noch Angst, dass sie ihn auf Dauer verlässt. Sie denkt weiterhin an ihren Freund. Guido sucht bei ihr Trost für die Verletzungen, die sie ihm angetan hat. Sie will die Beziehung langsam wieder verbessern. Doch Guido hat keine Geduld mehr. Er kann sich nicht mehr zurückhalten. Seine Verletzung ist zu groß. Er hätte nie gedacht, dass sie so etwas zusammen erleben würden. Aus Angst davor, zurückgewiesen zu werden, traut er sich nicht mehr, Nicole gegenüber seine positiven Gefühle und seine Zuneigung auszudrücken. Er braucht ihre Hilfe, um alles zu verarbeiten. Aber sie weist ihn zurück, weil er verletzende Dinge sagt. Er meint: »Sie geht fremd, ich entdecke es irgendwann, und jetzt habe ich den Salat!«

Vielen Paaren ergeht es wie Nicole und Guido. Sie haben alle vorherigen Phasen gut überstanden, und doch geht die Beziehung in der letzten Phase in die Brüche. *Darum kann es in dieser Phase wichtiger sein, zu schweigen als miteinander zu sprechen.* Für manche Paare ist es wichtig, sich einfach in Ruhe zu lassen. Ein gutes Ziel in dieser ersten Phase der Verarbeitung könnte es sein, zusammen angenehme Dinge zu tun.

> **Beide Partner sollten sich gegenseitig deutlich zu verstehen geben, wenn sie in Ruhe gelassen werden wollen. Der andere kann diesen Rückzug dann am besten zugestehen.**

Verarbeitung braucht Zeit

Manche Paare fürchten, die Affäre nie verarbeiten zu können. Die Wutausbrüche oder Beschuldigungen kommen immer wieder. Bei vielen Paaren wechseln sich ruhige Zeiten mit heftigen Auseinandersetzungen und Krisen ab. Es scheint, als könne man nie einen Schlussstrich ziehen. Andere Paare zeichnen sich eher durch eine gewisse Gelassenheit und durch Schweigen aus. Viele Partner sind nach innen gekehrt und können oder wollen nur wenig hören, was der andere zu sagen hat. Manche sehen schon ein Licht am Ende des Tunnels, wollen aber dem Partner noch nicht eingestehen, dass es langsam besser geht. Man will den untreuen Partner noch etwas schmoren lassen, so dass er den Fehltritt bereut.

> **Gönnen Sie sich und Ihrer Beziehung mindestens zwei Jahre für die Verarbeitung der Affäre!**

Nach der ersten Zeit mit heftigem Streit oder Stillschweigen kommt es zur eigentlichen Verarbeitung. Im gesamten Verarbeitungsprozess muss jeder Partner die Gelegenheit haben, seine eigenen Gefühle für sich selbst zu verarbeiten. Parallel dazu ist auch eine gemeinsame Verarbeitung notwendig. Diese beiden Prozesse, die persönliche und die gemeinsame Verarbeitung, benötigen Zeit.

Wir besprechen erst die verschiedenen Elemente der persönlichen Verarbeitung und kommen anschließend zur gemeinsamen Verarbeitung.

Persönliche Verarbeitung

Das Leiden lässt sich bei beiden Partnern als einsamer Schmerz beschreiben. Man kann die Gefühle nur schwer mit anderen teilen oder besprechen. Es wäre eine Illusion, zu glauben, dass jemand anders einen völlig versteht.

Der feste Partner trägt sein eigenes Leid. Auch fragt er viel oder beschuldigt den anderen. Er kann nur schwer ausdrücken, was ihn eigentlich bewegt. Es fällt schwer zu sprechen. Es ist nicht einfach, mit dem untreuen Partner, der in den meisten Fällen auch noch die Gefühle verursacht hat, über die ganze Palette der Gefühle zu reden. Außerdem bringt der untreue Partner oft nicht genug Verständnis dafür auf.

Auch für den untreuen Partner ist es schwierig mit dem festen Partner zu sprechen. Er leidet ebenfalls unter allem, was geschehen ist. Auch mit anderen zu sprechen ist nicht einfach. Andere verstehen ihn in solch einer

Situation nicht. Oft wird die Anspannung für den untreuen Partner unterschätzt. Er empfindet Trauer und Mitleid für das, was er dem festen Partner angetan hat. Man zweifelt an der Zukunft, macht sich Sorgen, ob man mit dem Partner zusammen bleiben kann. Für manche ist der Bruch mit der dritten Person eine Befreiung. Geht die Initiative von einem selbst aus, ist das Ganze einfacher zu verkraften. Einige untreue Partner jedoch bleiben in der Trauerphase, obwohl sie selbst die Affäre beendet haben. So ergeht es denen, die gezwungen wurden, die Affäre zu beenden. Dann muss auch noch der Bruch mit der dritten Person verarbeitet werden. Und das bringt Gefühle von Trauer, Schmerz und Wut mit sich. Beim untreuen Partner wird das Leid im Allgemeinen weniger anerkannt als beim treuen Partner. Schließlich ist er der Übeltäter.

Wie kann man die schwierigen Gefühle am besten verarbeiten? Wie kann man mit der Trauer, der Wut und der Erniedrigung umgehen? Was kann man tun?

Manche Menschen *ziehen sich nach innen zurück*. Sowohl der treue als auch der untreue Partner wenden sich von der Außenwelt ab. Sie wollen für eine bestimmte Zeit nichts mit der Außenwelt zu tun haben. Die Außenwelt wird als feindlich erlebt. Man widmet sich dem Innenleben und versucht, den Gefühlen einen Platz zu geben.

Andere *laufen vor sich selbst davon*. Sie wollen so wenig wie möglich an alles denken. Sie umgeben sich ständig mit Leuten, besuchen Freunde und Familienangehörige. Sie planen viele Termine und machen Überstunden, so dass keine freie Zeit bleibt. Sie versuchen, die Konfrontation mit dem Partner zu vermeiden.

Beide Extremreaktionen sind nicht gut. Man kann ein Gefühl nicht verarbeiten, wenn man davor flüchtet! Ebenso wenig löst es sich im nichts auf, wenn man ständig darüber grübelt. Man kann es auch nicht unterdrücken. Das Beste ist ein gesundes Gleichgewicht zwischen den beiden Polen zu finden: sich hin und wieder den Gefühlen widmen, sich damit auseinander setzen, sich dann wieder ablenken und etwas anderes tun.

Was hilft dabei?

Trauen Sie sich, den Schmerz zu fühlen!

Die Verarbeitung kann nur erfolgen, wenn man sich hin und wieder mit den schmerzlichen Gefühlen auseinander setzt: die Gefühle aushalten, sie durchleben, sich die Zeit nehmen, den Schmerz zu spüren und zu erfahren. Immer wieder aufs Neue. Nicht nur einmal, sondern jedes Mal aufs Neue, bis der Schmerz nachlässt. Was passiert ist, ist passiert. Die tiefe Trauer über alles wirklich einmal zuzulassen und eine ganze Nacht lang weinend im Bett zu liegen, kann sehr befreiend sein. Manchmal werden dann noch andere Gefühle aufgewühlt. So können beim festen Partner die wahren Gefühle eventuell erst an die Oberfläche kommen, wenn die Affäre abgeschlossen ist. Erst dann traut er sich, die Aggressionen und die Frustrationen zuzulassen. Denn die akute Gefahr, dass der Partner weggehen könnte, ist nun vorbei.

Untersucht man die eigenen Gefühle, bringt es mehr Eindeutigkeit in die verwirrenden und widersprüchlichen Gefühle. »Was alles passiert hier mit mir?« So erkennt man auch, dass beispielsweise die Wut eine Folge der tiefen Verletzungen ist.

Aus der Vergangenheit lernen

Ein anderer Aspekt der persönlichen Verarbeitung ist, dass man etwas aus der Vergangenheit lernt. Der untreue Partner stellt sich einige Fragen: »Was machte die Person so attraktiv für mich? Wo habe ich mich in der Affäre anders verhalten, als ich es mit meinem festen Partner tun würde? Hatte die Affäre etwas, was ich in der festen Beziehung vermisse?«

Auch der feste Partner lernt etwas. »Wie sehe ich meinen Partner nach allem, was passiert ist, nachdem er von seinem Sockel gestoßen wurde? Sehe ich ihn jetzt realistischer, mehr wie er wirklich ist? Kann ich die Beziehung wieder aufgreifen, oder muss sich etwas verändern? Wo muss er sich anpassen, was muss ich ändern?«

Schreiben als Hilfsmittel

Es hilft, die negativen Gefühle aufzuschreiben. Wenn man die Erfahrungen immer wieder aufschreibt, kann man beobachten, dass sich die Gefühle verändern und weniger intensiv werden. Man kann sich zum Beispiel jeden Tag zehn bis fünfzehn Minuten Zeit dafür nehmen. Man schreibt spontan alles auf, was einem durch den Kopf geht, ohne viel Struktur. Es müssen keine schönen Sätze sein, und niemand braucht die Texte zu lesen. Wenn man möchte, kann man das Geschriebene anschließend wegwerfen oder es für einige Zeit aufbewahren. Schreiben ist eine Lösung.

Mit Freunden sprechen

Viele Paare erleben es als hilfreich, mit einem Freund oder einer Freundin über alles zu sprechen. Erwarten Sie aber nicht, dass die Freunde alles verstehen. Man sollte auch besser nicht alles mitteilen, was man empfindet. Sonst stößt man schnell auf Widerstand. Es wird Bewertungen oder Beurteilungen geben. Trotzdem hilft es, mit anderen zu sprechen. Es hilft einem, die eigenen Gefühle besser wahrzunehmen und mehr Einsicht zu bekommen. Manche Partner sind völlig allein und haben niemanden, mit dem sie sich unterhalten können. Oder sie sind blockiert, da der Schmerz zu überwältigend ist. Andere haben Angst vor einer Konfrontation oder einem Angriff auf den Partner.

Kontakt mit Freunden aufnehmen

Es ist sowieso hilfreich, den Kontakt zu Freunden erneut aufzunehmen. Wenn man sich beispielsweise mit Freunden zum Essen verabredet, erkennt man plötzlich, dass es mehr im Leben gibt als die Beziehung. Oft werden Freunde während einer Affäre vernachlässigt. Alle Aufmerksamkeit und Energie richtet sich auf die dritte Person. Beide Partner, der treue und untreue, sind wie besessen davon. Das gesamte Leben drehte sich nur um den Dritten.

Etwas Neues beginnen

Es kann auch helfen, sich für einen Kurs anzumelden (Sprachen, Computer, Fotografie, Literatur ...) oder aktiv Sport zu treiben. Dadurch kommt man mit anderen Menschen in Kontakt. Manche Partner beginnen erst mit neuen Aktivitäten, wenn die Trauer und der Schmerz verarbeitet sind. Andererseits ist es viel besser, schon vorher damit zu beginnen. Auf diese Weise kann man die Trauer überwinden, und langsam heilen die Wunden. Der erste Schritt kostet meist die größte Überwindung. Danach hat man eine neue Orientierung – neben all den Problemen.

Die Entscheidung fällen: »Es ist vorbei!«

In einem bestimmten Augenblick kann ein Mensch für sich selbst den Entschluss fassen, dass etwas vorbei ist. Es ist eine mentale Entscheidung. Man beschließt, nicht mehr am anderen hängen zu bleiben. Dieser gedankliche Entschluss trägt dazu bei, eine schwierige Situation zu meistern.

Woran merkt man, dass die Krise vorbei ist?
- Man schläft besser.
- Man denkt beim Aufwachen nicht als Erstes an die Affäre.
- Das negative Gefühl gegenüber dem festen Lebenspartner nimmt ab.
- Man bekommt Lust, etwas mit dem festen Partner zu unternehmen.
- Auch der untreue Partner spürt Wut gegen die dritte Person.
- Man genießt etwas gemeinsam mit dem Lebenspartner.
- Der untreue Partner wundert sich: »Was habe ich bloß in der anderen Person gesehen?« oder »Was habe ich doch nur getan?«

Gemeinsame Verarbeitung

Es ist eine Kunst, die Verletzungen innerhalb einer Beziehung gemeinsam zu verarbeiten. Man braucht bestimmte Eigenschaften, um die Probleme gemeinsam zu lösen. An erster Stelle muss man lernen, miteinander zu reden. Dazu gehört auch, zu wissen, dass man nicht alles in einem Gespräch sagen oder verstehen kann. Wirklich zuhören zu können, ist eine wichtige Eigenschaft. Hin und wieder muss man den Partner auch einfach in Ruhe lassen. Das Ziel besteht darin, die Beziehung zu verbessern, indem man vergibt und sich versöhnt. Manchmal helfen auch eine Paartherapie oder bestimmte Rituale.

Erst nachdem die Wutanfälle nicht mehr so häufig vorkommen und die Intensität der negativen Gefühle etwas abgenommen hat, entsteht Raum, um das Ganze gemeinsam zu verarbeiten. Kann es wieder so werden wie früher? Kann ich meinem Partner jemals wieder vertrauen? Kann ich je wieder das für ihn empfinden, was ich früher für ihn empfunden habe?

Die Antwort auf diese Fragen ist einfach: Es wird nie wieder so sein, wie es früher war. Aber das bedeutet nicht, dass es schlechter wird. Es wird einfach anders sein, sagt Levine (1998). Der Beziehungstherapeut Schnarch (2002) merkt an, dass es eine Möglichkeit ist, etwas Neues dazuzulernen. Willi (2002) behauptet, eine Beziehung, die eine Affäre überlebt, gehe meist gestärkt daraus hervor. Doch die Wunden und der Vertrauensverlust haben noch lang anhaltende Folge.

> **Es wird nie mehr so sein wie früher. Es wird anders. Aber das heißt nicht, dass es schlechter wird.**

Der Verlust von etwas Einzigartigem – das ist der gemeinsame Schmerz. Die gemeinsame Verarbeitung bringt das Paar näher zueinander. In der Verarbeitung der Schmerzen begegnet man sich und entwickelt neue Nähe.

Diskussion

Die Affäre aktiv beenden oder sie zu einem Ende kommen lassen

Fons: Es ist eine Sache der Gewöhnung. Wenn man sich gefühlsmäßig und gedanklich damit auseinander setzt, nimmt der Schmerz allmählich ab und lässt das Problem kleiner werden. Das ist der erste Teil der Verarbeitung.

Maureen: Die Zeit heilt alle Wunden. Aber es braucht mehr, es muss noch ein weiterer Aspekt hinzukommen. Bemühungen, dass man sich auf eine positive Weise einander zuwendet, lieb und aufmerksam zueinander ist, dem anderen mehr Zeit widmet, das sind heilende Erfahrungen. Man erfährt, dass der andere einen schätzt und liebt. Der eine Partner spricht mehr mit dem anderen und schenkt ihm mehr Aufmerksamkeit. Auf diese Weise trägt man aktiv dazu bei, dass etwas besser wird.

Fons: Etwas zu zweit verarbeiten, setzt voraus, dass man gut miteinander reden kann.

Maureen: Ja, aber nur miteinander sprechen, reicht nicht aus. Es müssen auch klare Signale folgen.

Ein Gespräch als Entladung

Manchmal muss einfach alles herausgelassen werden. Eine erste Art, miteinander zu kommunizieren, ist *die Entladung* der tiefer liegenden Gefühle. Die Gefühle müssen einmal zum Ausdruck kommen. Es geht hier noch nicht darum, dem Partner wirklich etwas mitzuteilen, sondern es geht darum, die Frustrationen herauszulassen. Die Rolle des Gegenübers ist dann auch dementsprechend passiv: einfach zuhören, den anderen ausreden lassen und ihn nicht unterbrechen. Das reicht.

Ein Gespräch als Verarbeitung

Diese Gesprächsform ist schwieriger, da beide Partner ihre eigenen Verletzungen haben, die sie gleichzeitig bearbeiten wollen. Der treue Partner muss dem Schmerz, den er wegen der Untreue, der Erniedrigung und der Illusion von Sicherheit empfindet, einen Platz geben. Der untreue Partner geht durch die Trauer und den Verlust einer verlorenen Beziehung. Dazu kommen Schuldgefühle und Wut gegen den Partner und manchmal auch gegen den Dritten.

Es ist nicht möglich, alle Gefühle gleichzeitig zu verarbeiten. Eine Möglichkeit besteht darin, dass beide Partner abwechselnd eine bestimmte Zeit lang ihre Gefühle zum Ausdruck bringen können. Der jeweils andere Partner hört dann einfach zu und versucht, die Situation des anderen zu begreifen. Er versucht, zu verstehen, wie sich der andere gefühlt hat.

Dieser Vorgang braucht Zeit. Man spricht miteinander ab, wer an der Reihe ist, sodass jeder Partner gleichermaßen die Möglichkeit bekommt, sich in aller Ruhe zu artikulieren, während der andere aufmerksam zuhört. Dies bedeutet auch, dass man den Partner nicht unterbricht, wenn er redet. In der Rolle des Zuhörers ist es nicht notwendig, sich zu verteidigen. Es geht nicht darum, ob der andere Recht hat oder nicht. Beide sprechen einfach nur über sich selbst und nicht über den anderen.

Anstelle der Botschaft »Du hast alles falsch gemacht!« kann man dem anderen besser mitteilen: »Ich bin sauer auf dich!«. »Du zerstörst mein Leben« wird besser als »Ich fühle mich tief verletzt« und »Mein Vertrauen ist verletzt« ausgedrückt anstelle von »Dir kann man nicht vertrauen«. »Ich fühle mich traurig« ist eine andere Botschaft als »Du hast mich für immer beschädigt«. Diese kleinen Veränderungen der Botschaft sind ein Schritt bei der persönlichen Verarbeitung der Gefühle. Die Person, die spricht, geht dabei wirklich von ihren eigenen Gefühlen aus. Bei wichtigen Erlebnissen oder starken Gefühlen darf der andere Partner zwischendurch darum bitten, dass das Gesagte wiederholt oder verdeutlicht wird, bevor man das Gespräch fortsetzt.

Zuhören und Begreifen

Zur Verarbeitung gehören auch das Zuhören und das Begreifen. Wirklich zuhören zu können ist eine Kunst. Den Partner zu begreifen, bedeutet, sich in seine Erfahrungswelt hineinversetzen zu können, die Welt mit den Augen des anderen zu betrachten. Das heißt allerdings nicht, dass man auch dasselbe fühlen müsste! Trotzdem respektiert man das Gesagte und die Gefühle des anderen. Wer wirklich zuhört, braucht nicht einer Meinung mit dem anderen zu sein. Der Zuhörer kann die Dinge ganz anders sehen. Er kann eine andere Version der gleichen Geschichte haben. Übrigens ist das in allen Situationen der Fall. Jemanden wirklich zu begreifen, bedeutet, zu wissen, wie sehr man mit dem anderen übereinstimmt und wie sehr sich die Meinungen unterscheiden. Es ist allerdings gar nicht so einfach, die Welt mit den Augen des anderen zu sehen. Vor allem da man selbst emotional in die Geschichte verwickelt und auch verletzlich ist. Wenn man beispielsweise durch die Affäre tief verletzt ist, kann man sich nur schwer vorstellen, dass der Partner darunter leidet, die andere Beziehung beendet zu haben. Für den untreuen Partner ist es zum anderen eine schwere Aufgabe, zu begreifen, wie sehr die Affäre den anderen verletzt hat. Trotz dieser Schwierigkeiten ist es wichtig, dass jeder Partner abwechselnd mit dem anderen fühlt und das Mitgefühl auch zum Ausdruck bringt. »Ich sehe, dass du das so erlebst. Ich begreife, dass es sehr schlimm für dich war! Wenn ich dich richtig verstehe, bist du immer noch wütend über die Situation. Ich habe dich sehr verletzt!«

Wenn man so miteinander spricht, beginnt sich die Situation zu verändern. Ein Beispiel dafür sind Lisa und Franz.

Lisa darf nicht darüber sprechen

Lisa (62) hat vor drei Jahren gehört, dass ihr Mann Franz (65) eine Beziehung zu einer Kollegin in der Schule hatte. Die Beziehung zog sich schon über einen längeren Zeitraum hin. Er hat mit ihr auch viele Aktivitäten außerhalb der Schulzeit unternommen. Lisas Problem ist, dass sie nie über dieses Thema sprechen darf. Franz will nicht darüber reden, da er sich sonst beschuldigt vorkommt: »Angeklagter, erheben sie sich!« Seiner Meinung nach führt sie immer nur die gleichen Argumente an. Für ihn ist die Affäre Vergangenheit und damit abgeschlossen. Aber für sie ist das völlig anders. Sie leidet noch täglich unter der Affäre. Früher hatten sie an sich eine gute Beziehung, allerdings war sie vielleicht etwas eintönig. Durch die Außenbeziehung hat Lisa erkannt, wie wichtig Sport für Franz ist. Die andere Frau ging regelmäßig mit Franz zu Sportveranstaltungen.

Lisa empfindet noch immer große Wut. Sie ist schrecklich böse auf Franz. Sie fühlt sich ausgenutzt, gebraucht und dann weggeworfen. Sie hat das Gefühl, dass sie gelebt wurde. Außerdem hat sie sehr große Angst, so etwas könnte noch einmal geschehen. Sie muss durch alle Gefühle gehen, um die Sache abschließen zu können. Franz ist recht verschlossen. Er hat in seiner Erziehung nie gelernt, Zuneigung zu zeigen. Er findet, dass Lisa sich anstellt. »Jetzt geht es schon wieder los! Die ganze Geschichte von vorne!« Lisa ist auch verletzt, dass er mit der anderen Frau romantisch sein konnte, mit ihr jedoch nicht.

In einer Paartherapie beginnen beide mit der Arbeit. Sie lernen, dass sie diese Situation nur gemeinsam verarbeiten können, wenn sie lernen, ihre Erfahrungen und Gefühle miteinander zu teilen. Das ist für Franz eine ganz neue Erfahrung. Aber langsam wird er immer offener. Sie lernen, das Gefühl des anderen als Botschaft und nicht als Beschuldigung zu verstehen. Franz interessiert sich Schritt für Schritt wieder mehr für Lisa. Sie lernen erneut, Zärtlichkeiten miteinander auszutauschen. Das haben sie schon seit Jahren nicht mehr getan. Lisa wird durch alles, was geschieht, immer selbstständiger. Sie ist weniger abhängig von Franz. Allein dadurch wird sie erneut attraktiver für Franz.

Manchmal führt das wirkliche Verständnis zu einer Veränderung der Situation. Das wird auch in einem Brief von Lisbeth deutlich.

In Zukunft muss es anders und besser werden!

Lisbeth schreibt: »Mein Mann war vor einem Jahr verliebt in eine andere Frau. Jetzt ist er ganz verwirrt. Ich will nicht mehr wie früher mit ihm zusammenleben. Es muss sich etwas ändern und bessern, sonst müssen wir uns trennen. Wir haben zusammen eine Firma gegründet und arbeiten viel. Wir haben gemeinsam zwei Söhne. Mein Mann hat es nicht geschafft, sein Bedauern über die Affäre auszudrücken. Ich konnte das erst nicht begreifen. Meiner Meinung nach müsste er erst seine Reue zeigen. Sonst würde ich nicht mehr weiter mit ihm zusammenleben wollen. In dieser Zeit haben wir mit einer Therapie begonnen. Er hat mir erklärt, warum er die Beziehung nicht bereut. Seiner Meinung nach war unsere Beziehung tot. Für ihn war die Beziehung im Grunde schon vorbei, erst dann hat er etwas mit der anderen Frau angefangen. So wollte er eigentlich weiterleben. In seiner Vorstellung hat er keinen Fehler begangen. Wenn wir uns jetzt über etwas streiten, fühle ich mich so schlecht wegen all der Dinge, die ich ihm damals an den Kopf geworfen habe. Die Auseinandersetzungen waren oft so heftig, dass wir beinahe körperlich aneinander gerieten. Aber es scheint so, als brauchten wir die Streitereien, um dichter zueinander zu kommen. Der Streit ist auch eine Art Kontakt. Manchmal dachte ich, wir sollten die Ehe besser beenden und gute Freunde bleiben.

Im Laufe der Zeit konnte mein Mann mich davon überzeugen, dass er das Beste für uns beide will. Er gibt sich Mühe, mir Aufmerksamkeit zu schenken, und nimmt sich trotz seiner anstrengenden Arbeit Zeit für mich. Er hat wieder Augen für mich. Er ist liebevoller und zärtlicher. Manchmal bittet er mich sogar, ihn zu umarmen. Auch meint er, dass ich liebevoller ihm gegenüber geworden bin. Manchmal werde ich dann noch von der Angst überwältigt, dass er mich verlässt. Aber damit muss ich selbst zurechtkommen.«

Die verschiedenen Gesprächsformen brauchen nicht gleichzeitig praktiziert zu werden. Bei manchen Paaren verläuft so etwas in Phasen. Man spricht in unerwarteten Momenten miteinander. Manchmal ist es auch wichtig, Dinge zu wiederholen. Wichtig ist: Solch ein Gespräch ist keine Beschuldigung oder Klage.

Schreiben

Sich gegenseitig zu schreiben, ist ebenfalls eine hilfreiche Form der Kommunikation. Dass Schreiben an sich eine heilende Wirkung hat, haben wir bei der persönlichen, individuellen Verarbeitung erklärt. In der gemeinsamen Verarbeitung handelt es sich um eine andere Form des Schreibens. Man schreibt sich gegenseitig. Der eine schreibt einen Brief oder eine Botschaft, und der andere liest das Geschriebene. Dabei ist Voraussetzung, dass der Leser das Geschriebene als eine Botschaft des Schreibers erkennt und den Text nicht persönlich nimmt oder als Beschuldigung oder Anklage versteht. Diese Vorgehensweise trägt dazu bei, die Vergangenheit zu verarbeiten. Der Zweite liest die Botschaft des Ersten als eine Botschaft des Ersten über sich selbst. Danach kann der Zweite seine Erfahrungen und Gefühle dem Ersten in einem Brief mitteilen.

Der Vorteil der schriftlichen Kommunikation ist, dass jeder Partner sich ausdrücken kann, ohne von dem anderen gestört oder beeinflusst zu werden. In einem spontanen Gespräch meint der eine schnell, dass der andere übertreibt oder dass der eine den anderen von seinem Standpunkt überzeugen will. Beim Schreiben kann man seinen eigenen Standpunkt auf seine eigene Art mitteilen. Beim Schreiben drückt man sich auch oft vorsichtiger und nuancierter aus. Doch genau wie im Gespräch teilt man dem anderen seine Gefühle und Erfahrungen aus der eigenen Perspektive heraus mit. Man schreibt nicht über den anderen, sondern nur über die eigenen Gedanken.

Nicht nur reden, auch handeln

Für viele Paare ist es wichtig, zu erfahren, dass der Partner auch konkrete Schritte in die gemeinsame Richtung unternimmt. Nicht nur reden, sondern auch handeln. Im folgenden Beispiel sehen wir, wie Gerda um greifbare Veränderungen bittet, dass aber nichts geschieht. Dadurch wird es schwierig für sie, an eine Besserung zu glauben.

Gerda hofft auf ein Zeichen

Ein Paar lebt seit neunzehn Jahren zusammen. Es hat zwei Kinder, die sieben und fünf Jahre alt sind. Rudi hat Gerda lange Zeit betrogen und belogen. Rudi übernachtet berufsbedingt drei Nächte pro Woche in Frankfurt. Dort hatte er eine Geliebte. Nach zehn Monaten hat Rudi die außereheliche Beziehung abgebrochen. Doch Gerda glaubt ihm nicht mehr. Sie würde ihm vergeben wollen, doch hat sie das Gefühl, dass die Freundin noch immer etwas von ihm will. Sie haben weiterhin Kontakt miteinander. »Warum legt er nicht einfach den Hörer neben das Telefon? Ich warte immer sehnsüchtig auf ihn. Wenn er dann drei Tage später nach Hause kommt, beginne ich, mich selbst zu quälen. Ich traue mich nicht, ihn zu fragen. Ich habe Angst vor einer schlechten Nachricht. Ich will Liebe! Ich sehne mich nach mehr Zärtlichkeiten, wie zu Beginn unserer Beziehung.

Er tut viel zu wenig für die Beziehung. Und ich merke, dass ich auch anders reagiere, als ich es eigentlich will.« Gerda findet, dass er die drei CDs, die er von seiner Geliebten bekommen hat, aus dem Wohnzimmer entfernen sollte. Er hat auch noch nie gesagt, dass es ihm Leid tut. »Warum wartet er so lange damit? Ich brauche diese Zeichen, um ihm glauben zu können, um seinen guten Absichten zu vertrauen und auf einen neuen Start zu hoffen.« Doch er will die CDs nicht wegräumen. Für Rudi handelt es sich um ganz normale CDs wie alle anderen auch.

Im Gegensatz zu Rudi sehen wir beim Beispiel von Lutz, wie er mit seinen Handlungen ein Zeichen setzt.

Wirf den Pullover deiner Freundin weg!

Hartmut erzählt, dass er ein Verhältnis hatte, welches er inzwischen beendet hat. Seine Frau Ida hatte schon seit einem Jahr das Gefühl, dass da irgendetwas nicht mehr stimmt. Seine Zuneigung für sie wurde spürbar geringer. Ihre Tochter konfrontierte sie mit der Tatsache, dass da eine Affäre ist. Idas erste Reaktion war wegzulaufen, da auch ihr Vater ihre Mutter betrogen hatte. Ida blieb jedoch bei Hartmut. Eines Tages rief sie Hartmuts Freundin an. So entdeckte sie, dass die beiden schon Möbel zusammen ausgewählt hatten. Sie hatten auch Pläne, gemeinsam Kinder zu bekommen! Ida war völlig aus dem Häuschen und zog für zwei Wochen zu ihren Eltern. Ida glaubt noch nicht, dass er wirklich die Beziehung mit der anderen beendet hat. Sie erwartet von ihm, dass er der anderen in ihrer Gegenwart mitteilt, dass es vorbei ist. »Ich habe mich für meine Frau entschieden«, will sie von ihm hören. Hartmut berichtet: »Sie sagt mir, wie sehr sie sich durch mich erniedrigt und verletzt fühlt. Sie will auch nicht, dass ich nur wegen der Kinder bei ihr bleibe. Sie findet, dass ich keinen klaren Standpunkt einnehme. Die Freundin ruft mich noch ab und zu an. Ich will das mit ihr auf meine Art zu Ende bringen. Darum nehme ich auch schon keinen Kontakt mehr zu ihr auf. Meine Frau will klare Beweise dafür, dass ich mich für sie entscheide. Manchmal fragt sie alle möglichen intimen Dinge zur Affäre, und das ist sehr unangenehm. Ida verlangt, dass ich den Schaden wieder gutmache. Ich vertrage nicht, dass sie weiterhin so darunter leidet! Sie will, dass ich es bereuen soll und Buße tue. Sie will zum Beispiel, dass ich einen Pullover, den ich von der Freundin bekommen habe, wegwerfe. Meine Frau fragt mich ständig: »Warum? Warum ist es bloß so weit gekommen?« Es scheint, als ginge sie abends mit der Affäre ins Bett und stünde morgens wieder damit auf. Ich glaube, dass ich ihr im Moment nicht das geben kann, was sie jetzt braucht. Es wäre ihr nie genug Aufmerksamkeit oder Zuneigung. Ich habe ihr schon mehrfach gesagt, mir tue es Leid, dass ich sie so heftig verletzt und ihr so viel angetan habe. Ich hätte nicht gedacht, dass es so heftig werden würde! Erst als ich zusammen mit ihr den Pullover zum Altkleidercontainer gebracht habe, wurde sie etwas sanftmütiger.«

Manche Paare können erst nach Jahren über die Ereignisse sprechen, die mit der Außenbeziehung in Zusammenhang stehen. Jürgen und Maria erging es so.

Jürgen und Maria kehren aus der Vergangenheit zurück

Jürgen und Maria, ein Paar in den Vierzigern, kommen in die Therapie, um eine Affäre zu verarbeiten. Bei jedem Streit bringt Jürgen immer wieder Anschuldigungen gegen Maria wegen einer Affäre vor, die sie vor fünfzehn Jahren hatte. Ihre Beziehung wird dadurch beeinträchtigt. Mit großem Zögern erzählen sie sich gegenseitig ihre Version der Geschichte. Beide bekommen vom Therapeuten eine begrenzte Zeit zum Zuhören und zum Erzählen. Er stellt ihnen Fragen, die sie ermutigen, tiefer zu gehen, und lenkt das Gespräch so, dass sie wirklich miteinander zu sprechen beginnen. Der Therapeut bringt ihnen bei, wie sie eine offene Einstellung und respektvolles Mitgefühl füreinander entwickeln können. Ansonsten hält er sich zurück. Manchmal verlangsamt er das Gespräch und trägt so mit dazu bei, dass die ausgedrückten Gefühle auch wirklich empfunden werden. Wichtige Aspekte werden durch den Partner wiederholt. Manchmal reflektiert der Therapeut ein tiefer liegendes Gefühl und lebt mit beiden mit.

Für Jürgen war der ganze Vorgang rund um die Affäre äußerst verletzend. Er hatte deutlich gemacht, dass er Sex außerhalb der Beziehung nicht akzeptieren könne. Maria ist aber doch auf die Anmache eines Freundes ihres Mannes eingegangen. Der Freund hatte die Einstellung, dass Jürgen sie nicht bevormunden solle und sie selbst Entscheidungen in ihrem Leben fällen müsse. Das war ein enormer Schock für Jürgen – sein bester Freund! Maria erkennt jetzt erst, wie verletzend ihr Verhalten für Jürgen gewesen sein muss. Sie erklärt ihm, dass es von ihr aus wirklich nicht als Akt gegen Jürgen gedacht war. Beide weinen angesichts der Situation. Sie entschuldigt sich bei ihm. Zu Beginn kann er nicht glauben, dass es ihr wirklich Leid tut.

In einem zweiten Gespräch arbeitet der Therapeut heraus, welche Folgen es hatte, dass Jürgen seine Frau ständig beschuldigte. Es wird beiden klar, dass Jürgen Maria all die Jahre mit den Beschuldigungen gefangen gehalten hat. Er erkennt, dass diese Waffe nicht mehr nötig ist. Der Therapeut gibt ihnen den Auftrag, zusammen etwas Schönes zu unter-

> nehmen, um auf diese Weise einen Schlussstrich unter der Vergangenheit zu ziehen.

Der Therapeut hilft ihnen, das zu tun, was ein Paar eigentlich selbstständig tun müsste: sich nacheinander ihre Version der Geschichte erzählen, was sie erlebt haben und dabei fühlten, während der andere Partner still und aufmerksam zuhört. Wenn man sich gegenseitig aussprechen lässt und sich nicht unterbricht, ist man schon ein gutes Stück auf dem Weg weitergekommen, gemeinsam etwas zu verarbeiten.

Manchmal sind die Wunden unheilbar, und Misstrauen oder Groll bleiben zurück. Die Kränkung geht nicht vorüber. Die Partner beginnen sich zu rächen: Sie verweigern zum Beispiel den sexuellen Kontakt oder gehen nicht mehr auf Familienbesuche mit. Sie wollen, dass der andere für sein Verhalten büßt. Es gibt auch Partner, die dem anderen zwar vergeben können, aber nie vergessen werden. Es braucht Zeit, die Wunden zu heilen. Es ist außerdem notwendig, miteinander zu sprechen. Spricht man nicht mehr miteinander, nimmt die Wahrscheinlichkeit zu, dass Groll oder Verbitterung zurückbleiben.

Die Zeit allein kann die Wunden nicht heilen.

Der ganze Vorgang der Verarbeitung kann nicht auf einmal abgeschlossen werden. Wir haben es schon zuvor angesprochen: Eine Wiederholung des Vorgangs ist notwendig. Auf der anderen Seite ist es auch keine Lösung, ständig über die Situation nachzugrübeln. Manchmal muss der eine Partner den anderen einfach in Ruhe lassen. Jeder Mensch braucht zeitweilig einen Fluchtpunkt, eine Insel auf die er sich zurückziehen und sich den inneren Prozessen widmen kann.

Vergebung

Wir leben nicht in einer Schuldkultur. Trotzdem ist es wichtig, dass der eine Partner dem anderen vergeben kann. Dazu gehört, dass man seine Schuld, seinen eigenen Beitrag erkennt und eingesteht. Von der anderen Seite sollte man eine vergebende Einstellung erwarten können. Was die Vergebung angeht, so lassen sich verschiedene Phasen unterscheiden.

Schuld bekennen

Schuld ist eine schwierige Sache. Es ist kein populäres Thema, und der Umgang mit Schuld in der Beziehung ist besonders komplex. Zuerst muss man seine Schuld anerkennen. Wir meinen damit wirkliche Schuld und nicht ein oberflächliches Schuldgefühl. Bei einer Beziehung zu einer dritten Person kommt der ursprüngliche Partner zu kurz. Meist findet die Affäre insgeheim statt, und der Partner wird belogen. Auch das gehört zu den Aspekten der Schuld, die man gegenüber dem Partner empfindet. Zur individuellen Verarbeitung gehören dann auch Fragen wie: Habe ich Schuld? Wo habe ich falsch gehandelt? Zum Beispiel die schönen Augenblicke mit dem Dritten zu genießen, während der andere Partner nur für die Probleme und schwierigen Situationen gut genug war. Oder sich dem neuen Partner mitzuteilen, während man beim festen Partner verschlossen bleibt. Oder dem Dritten Zeit zu schenken, die von der ursprünglichen Beziehung abgezogen wird. Man kann auch Schuld haben, wenn man sich nicht traut, sich mit dem ursprünglichen Partner zu konfrontieren, doch bei der dritten Person einen Ausgleich für die Probleme in der Beziehung findet.

Wie wir in den vorigen Beispielen sehen konnten, hat der untreue Partner manchmal Gründe, die Beziehung zum Dritten nicht zu bereuen. Trotzdem kann er Schuld gegenüber dem festen Partner empfinden. Das ist etwas anderes. Man kann keine Reue angesichts einer Affäre empfinden, in der man zeitweise sehr glücklich war. Doch gleichzeitig kann die Affäre eine negative Auswirkung auf die feste Beziehung haben oder eine Verletzung beim ursprünglichen Partner hinterlassen. Diese negativen Folgen kann man sehr wohl bedauern.

Entschuldigung aussprechen

Nachdem man die eigene Schuld anerkannt hat, kommt der Schritt, bei dem man um Vergebung oder Entschuldigung bittet. Es ergibt nur einen Sinn, über Vergebung zu reden, wenn man von wirklicher Schuld sprechen kann. Der Schuldige erkennt seine Schuld und entschuldigt sich beim anderen. Wichtig ist dabei, die Entschuldigung wirklich auszusprechen: »Es tut mir Leid.«

Die Entschuldigung annehmen

Der nächste Schritt besteht darin, die Entschuldigung zu akzeptieren. Wenn man etwas vergibt, so neutralisiert man die vorherigen Handlungen nicht oder macht auch keine Verletzung rückgängig. Man erkennt aber, dass eine echte Verletzung vorliegt. Und der feste Partner ist bereit, die Beziehung zum Schuldigen wiederherzustellen.

Sich zusammen füreinander einsetzen

Anschließend setzen sich beide Parteien darüber hinweg. Wenn man über Vergebung in einer Beziehung spricht, geht man von hohen Idealen innerhalb einer Beziehung aus. Menschen können sich gegenseitig etwas Gutes tun. Das nennen wir Liebe. Sie können sich aber auch Verletzungen zufügen, und das finden wir schlecht. Zwischen diesen beiden Polen hat der Mensch eine gewisse Entscheidungsfreiheit, wie er sich anderen gegenüber verhält. Nicht alle Entwicklungen sind in den Genen vorprogrammiert oder in der Kindheit anerzogen. Wir können als Menschen wirklich etwas Gutes füreinander tun und den anderen lieben.

Akzeptanz

Nachdem eine Affäre verarbeitet ist, verlangen manche Partner vom anderen: »Du musst mich ab jetzt wirklich so akzeptieren, wie ich bin! Ich bin einfach so, wie ich bin.« Die Akzeptanz des festen Partners steht im Mittelpunkt. Man versucht nicht mehr, den anderen zu verändern. Während man fremdgeht, hat man gezeigt, was fehlte. Die Mängel waren die Gründe oder besser gesagt die Entschuldigungen dafür, dass man fremdging. Da die Affäre jetzt vorbei ist, wird man wieder mit der Realität konfrontiert. Manche festen Partner sagen dann: »Jetzt wirst du mich einfach so nehmen müssen, wie ich bin.«

Auch der untreue Partner muss akzeptiert werden. Man kann den Partner, der von seinem Podest gefallen ist, den Lügner, den Geliebten, der fremdging, nicht immer nur als Sündenbock oder als schlechte Person sehen. Man muss sich ein neues realistisches Bild von ihm schaffen: »So bist du!« Die große Enttäuschung führt schließlich zur Wahrheit. Da man jetzt mehr Einsicht in die Art des anderen hat, kann man ihn auch besser so akzeptieren, wie er ist.

Veränderung

Andere Paare können nur zusammen bleiben, wenn der andere Partner oder beide Partner sich verändern. So kann man zum Beispiel im Bereich der Sexualität lernen, dass man nicht unbedingt Lust haben muss, miteinander zu schlafen. Man kann auch für den anderen Partner beginnen, und die Lust kommt dann von selbst durch das, was man tut. Diesen Vorgang haben wir in einem unserer Bücher beschrieben. Durch die Affäre wird die Sexualität auch in einem anderen Licht gesehen. Man lernt durch neue Erfahrungen. Manche Paare entscheiden sich, nun endlich mit einer Therapie bei einem Paartherapeuten oder Sexualtherapeuten zu beginnen. So werden die hemmenden Faktoren und Schwierigkeiten in einer Beziehung wirklich angegangen.

Andere entschließen sich, der Beziehung oder sich gemeinsam mehr Zeit zu widmen. Bei einer Affäre nimmt man sich plötzlich in den verrücktesten Momenten Zeit für die dritte Person. Ebenso kann man im Nachhinein Zeit für den festen Partner aufbringen.

Andere Paare entwickeln gemeinsam neue Interessen. Durch eine Affäre wird die Beziehung oft durch neue Interessensbereiche interessanter (wie beispielsweise Theater oder Fitness).

Robert verändert sich

Cindy (30) lebt seit neun Jahren mit Robert zusammen. Er ist zehn Jahre älter als sie und brachte ein Kind aus seiner ersten Ehe mit. Sie berichtet Folgendes: »Bei mir läuteten die Alarmglocken, als eine gewisse Anne, eine Sekretärin aus seiner Firma, regelmäßig anrief. Doch der Beweis für eine Affäre war das Kondom, das ich in seinem Portemonnaie gefunden habe. Ich bin seine zweite Frau. Aber als ich ihn kennen lernte, sagte er mir auch nicht, dass er verheiratet war und ein Kind hatte. Ich habe seine merkwürdigen Geschichten damals einfach geglaubt. Jetzt bekomme ich den Eindruck, dass alles gelogen war. Das Vertrauen ist zerbrochen. Nachdem wir mit einem Anwalt und einem Richter gesprochen haben, wollte ich ihm noch eine Chance geben. Doch ich vertraue ihm nicht mehr.« Robert kann sie verstehen. »Ich hatte keine echte Affäre, die Kollegin suchte nur Trost. Und als ich sie kennen lernte, habe ich tatsächlich

---

gelogen. Und trotz des Kondoms – ich bleibe dabei – bin ich Cindy nie untreu gewesen.«

Cindy zweifelt, ob sie ihm noch vertrauen kann. Warum sollte sie ihm noch glauben? Damit er sie vielleicht noch mehr verletzt? Er war ein Einzelkind und hat immer seinen Willen bekommen. Er durfte früher alles. Seine Mutter weinte, als er mit den Pfadfindern zum Zelten ging.

Sie beginnen beide eine Paartherapie, um an der Beziehung zu arbeiten. Rückblickend findet Robert, dass es jetzt besser geht. »Nach vielen Gesprächen schmieden wir jetzt wieder gemeinsame Pläne. Wir sagen auch häufiger, was wir empfinden. Wir sind direkter und weniger vorsichtig geworden. Außerdem versuchen wir, uns mehr Zeit füreinander zu nehmen, zum Beispiel bei einem romantischen Essen. Wir haben auch noch andere Vereinbarungen getroffen. So helfe ich jetzt auch stärker im Haushalt.« Cindy sagt: »Ich habe das Gefühl, dass er jetzt wirklich wieder bei uns wohnt.«

Diskussion

Muss sich nach einer Affäre mit einer dritten Person etwas in der Beziehung ändern?

Fons: Meinst du, dass sich nach einer Affäre in einer Beziehung etwas ändern muss?

Maureen: Ja, wenn die Affäre etwas mit Mängeln innerhalb der Beziehung zu tun hat, dann muss sich etwas ändern. Der Mangel muss behoben werden.

Fons: Aber nicht alle Beziehungen zu einer dritten Person entwickeln sich daraus, dass innerhalb der Beziehung etwas fehlt.

Maureen: Trotzdem muss sich etwas ändern, auch wenn die Beziehung vorher gut lief.

Fons: An welche Art von Veränderung denkst du dann?

Maureen: Ein Partner sollte zum Beispiel häufiger zu Hause sein und nach der Arbeit direkt nach Hause gehen. Die Geschenke der dritten Person müssen entfernt werden. Oder, wie in einer unserer Beispielgeschichten, muss der Partner in Anwesenheit des festen Partners die Geliebte anrufen und der Affäre ein Ende setzen.

Fons: Durch diese Zeichen macht man klar, dass man es wirklich ernst meint.

Maureen: Genau, Zeichen setzen. Man kann nicht nur durch gemeinsame Gespräche etwas erfolgreich verarbeiten, sondern auch
durch gewisse Veränderungen im Verhalten. Es gibt zu viele
Paare, die zwar viel reden, aber am Verhalten nichts ändern.

Fons: Trotzdem ist es, um eine Affäre zu verarbeiten, auch sehr
wichtig, miteinander zu reden.

Maureen: Man kann es wie eine Risikoberechnung sehen: Wenn man
viel darüber spricht, verbessert sich die Chance, dass man es
gut verarbeitet, und das Risiko für einen bleibenden Groll
verringert sich.

Rituale

Rituale können manchmal die Verarbeitung beschleunigen oder festigen.
Manche Menschen wollen mehr sehen als nur einen Beweis oder ein bestimmtes Zeichen. Nachdem diese Dinge mehrmals wiederholt wurden,
kann ein Ritual dabei helfen, die Wunden aus der Vergangenheit zu heilen.

Mithilfe eines Rituals kann die Vergangenheit abgeschlossen werden.
Das Ritual der Versöhnung umfasst die folgenden Schritte. Der Beginn
wurde zuvor schon beschrieben: (1) Sich nacheinander über seine Erfahrungen und Gefühle austauschen. (2) Danach einer nach dem anderen
versuchen, wirklich zu begreifen, was der andere erlebt hat. Wenn sich
dann beide verstanden fühlen, folgt (3) eine Art der Entschuldigung. Dem
anderen mitteilen, dass es einem Leid tut, was man dem anderen angetan
hat. Anschließend (4) sagen die Partner sich gegenseitig, dass sie die Vergangenheit wirklich hinter sich lassen. »Wir lassen es nun hinter uns. Was
geschehen ist, ist geschehen. Wir wollen die alten Gefühle nicht immer
wieder aufs Neue hervorholen. Jetzt lassen wir die Vergangenheit hinter
uns.« Anschließend (5) unternehmen beide gemeinsam etwas Angeneh-
mes, zum Beispiel einen Ausflug, ein gemeinsames Wochenende an einem
anderen Ort oder einen besonderen Abend. Indem man miteinander
spricht und gemeinsam auf konstruktive Weise handelt, schließt das Paar
die Vergangenheit rund um die Affäre symbolisch ab.

Nach Ablauf einer Affäre muss das Paar in der Beziehung ein neues
Gleichgewicht finden. Meist müssen bestimmte Dinge innerhalb der Be-

ziehung aneinander angepasst werden. So kann man zum Beispiel feste Zeiten für einen gemeinsamen Kontakt und ein Gespräch einplanen oder einen gemeinsamen Zufluchtsort suchen, um sich zusammen zurückzuziehen. Jeder Partner muss sich einerseits verändern und andererseits mit bestimmten Dingen auseinander setzen. So entwickelt sich mehr Echtheit. Die Wünsche, Gefühle und Erfahrungen beider Partner werden klarer und unmittelbarer bewusst. Beide lernen, dem anderen besser zuzuhören. Beide können besser ausdrücken, was sie wollen.

Beide Partner werden auf der einen Seite selbstständiger und unabhängiger, auf der anderen Seite kommen sie sich zugleich viel näher. Sie bilden eine Beziehung, in der man unterschiedlich sein kann. Ihre Erwartungen und Ansprüche an den Partner und in der Beziehung lassen sich in die Wirklichkeit umsetzen.

Anhand des Buches kann man sehen, dass es eine große Aufgabe ist, eine Verletzung in der Beziehung gemeinsam wirklich zu verarbeiten. Was sicherlich nicht hilft, ist, den Kopf in den Sand zu stecken und so zu tun, als sei nichts passiert. Im Gegenteil: Die Arbeit lohnt sich! Die Verarbeitung wird möglich, wenn man gemeinsam das Leiden durchmacht.

Sich gegenseitig im Schmerz zu finden, ermöglicht es erst, die Affäre zu verarbeiten.

Einige Gedanken zum Abschluss

Wir möchten dieses Buch mit einigen positiven Gedanken über lang anhaltende Beziehungen und kreative Treue abrunden. Wir wollen zudem über die Gefahren und die Verarbeitungsprozesse bei einer Affäre sprechen.

Unsere Auffassung von dauerhaften Beziehungen und von Treue

Jede längere Beziehung entwickelt sich von einer Zeit der Verliebtheit zu einer Beziehung *trotz allem*. »Ich habe mich für dich eingesetzt, *obwohl* du anders bist, als ich zunächst dachte.« Es ist nicht selbstverständlich, sich für den anderen einzusetzen. Erst wenn man wirklich etwas für den anderen tun will, geht es um echte Liebe. Eine Beziehung kann ohne gebende Liebe nicht fortbestehen.

Treue bedeutet, das festzuhalten, was einen wirklichen Wert hat. Treue ist ein Aspekt dieses Einsatzes für den anderen. Es ist kein Konservierungsmittel. In jedem Augenblick geht es erneut um eine Entscheidung für den Partner. Treue ist auch, miteinander verbunden zu sein, an dem anderen festzuhalten. Festhalten an einer sich verändernden Person in einer sich verändernden Beziehung. Treue ist dynamisch. Wer nur das festhält, was er schon besitzt, hat es schon verloren. Treue ist, eine gemeinsame Zukunft zu schaffen. Bei Treue geht es nicht um gestern. Sie ist eine in die Zukunft gerichtete Einstellung, der Wille, zusammen eine Zukunft zu bauen. Treue innerhalb einer Beziehung ist, aus der gemeinsamen Vergangenheit einen Plan für eine gemeinsame Zukunft zu entwerfen. *Kreative Treue* – das ist der Ausgangspunkt.

Treuer Einsatz für den anderen schafft eine Verbindung, bei der man gemeinsam etwas verwirklicht. Dies fördert dann die *verbindenden Faktoren* einer Beziehung. Sieht man sich die Beziehung näher an, so spielen die verbindenden Faktoren eine ausschlaggebende Rolle dabei, ob man die

Beziehung fortsetzt oder nicht. Dazu gehören die Kinder, gemeinsame Erfahrungen (wobei die Beziehung selbst auch eine Erfahrung ist), Geld verdienen, ein Haus bauen oder umbauen, gemeinsame Freunde. Aber auch die negativen Erfahrungen gehören dazu: das Durchstehen schwieriger Phasen bei Krankheiten, Ableben eines Familienmitglieds, finanzielle Probleme, mögliche Liebeleien mit dritten Personen und Affären, Probleme mit den Kindern und so weiter.

Manche Menschen tun sich mit einem Treuegelöbnis schwer. Sie empfinden das Treueversprechen als etwas Unausweichliches, für das man sich mehr einsetzen muss, als es Menschen möglich wäre. Aber Partner und Beziehungen verändern sich. Vielleicht ist ein besseres Versprechen eine »*Absichtserklärung*«: »Ich habe die Absicht, innerhalb der Möglichkeiten, die mir zur Verfügung stehen …« Und mit dieser Absicht setzt man sich entsprechend voll für den anderen ein.

Dauerhafte Beziehungen bieten andere Möglichkeiten als Kurzzeitbeziehungen. Es besteht die Möglichkeit, bestimmte Aspekte zu vertiefen. Es geht um eine Verbindung, die sich nicht nur an der Oberfläche abspielt. Man lernt sich wirklich kennen. Nach der großen Ernüchterung am Ende des ersten Verliebtseins kommt die Phase, in der man mehr oder wenig erfolgreich versucht, den anderen zu verändern. Überlebt eine Beziehung diese Prozesse und wollen die Partner nicht mehr gegenseitig ihren Traumprinzen oder ihre Traumprinzessin schaffen, dann beginnt die eigentliche Beziehung, in der man den Partner langsam akzeptiert, genau so, wie er ist.

Es sind viel Einsatz und Energie erforderlich, um eine Beziehung aufrechtzuerhalten und zu versorgen. Mehrere Beziehungen gleichzeitig kosten noch mehr Energie. Das ist eine einfache wirtschaftliche Berechnung. Bei verschiedenen Beziehungen gleichzeitig nimmt der Energieeinsatz zu, aber bei einer einzelnen Beziehung gewinnt man an Tiefe. Die Frage ist an jeden einzelnen Menschen selbst gerichtet: Was erwartest du von einer Beziehung?

Risiken einer Affäre

Wenn man die im vorigen Abschnitt besprochenen Aspekte berücksichtigt, ist es verständlich, dass es eine Krise in der festen Beziehung auslösen kann, wenn man mit einer Außenbeziehung konfrontiert wird. Auf der einen Seite lässt man nicht so leicht los. Und auf der anderen Seite bedauern viele Partner im Nachhinein, dass sie die ursprüngliche Beziehung aufgegeben haben.

Bei einer Affäre mit einer dritten Person sollte man deshalb darauf achten, keine *zu schnellen Entscheidungen* zu treffen. Impulsive Entscheidungen sind in den meisten Fällen auf lange Sicht nicht positiv. Eine Beziehung zu beenden ist eine andere Sache als in der ursprünglichen Beziehung zu bleiben, solange man zweifelt. Der Schritt wegzugehen beinhaltet eine unwiderrufliche, echte Veränderung. Es müsste also mehr Argumente geben, die Beziehung zu verlassen, als in der Beziehung zu bleiben. Gibt es diese Argumente? Außerdem sollte man auch während der Affäre weiterhin in den festen Partner investieren.

Ansonsten ist es so wie mit jeder Art von Verliebtheit: Um mit jemandem erfolgreich zusammenleben zu können, muss mehr da sein als nur verliebte Gefühle. Gibt es realistische und angemessene Gründe für den Beginn einer neuen Beziehung? *Verliebtheit allein ist nicht genug!* Hat die Beziehung eine gemeinsame Basis: gemeinsame Interessen und gleiche Meinungen über Kinder, Geld, Arbeit? Auch ein ähnlicher familiärer Hintergrund kann hilfreich sein. Weitere Faktoren für ein glückliches Zusammenleben bei gleichen Interessen sind die gleiche persönliche Entwicklung, die gleiche Sprache, die gleiche soziale Herkunft und ähnliche Werte. Diese Faktoren sind förderlich für ein gutes Zusammenleben, in dem es trotzdem noch genug Unterschiede gibt, durch die die Beziehung spannend und lebendig bleibt.

Wenn man eine Beziehung zu einer dritten Person hat, aber aus einer Beziehung kommt, die *früher sehr befriedigend* war, sollte man doppelt vorsichtig sein. In diesem Fall empfinden es die meisten Menschen im Nachhinein so, dass sie besser in der alten Beziehung hätten bleiben können. Die neue Beziehung erscheint einem dann doch nicht viel besser, und der Verlust ist zu groß. Das gilt auch für die Zeit der Affäre, in der die positiven Gefühle in der ursprünglichen Beziehung verloren gegangen sind. Die Vergangenheit mit dem alten Partner wird in einem Gegensatz zur Beziehung mit dem Dritten gesehen. So hat man dann eine Entschuldigung, eine Affäre einzugehen oder den Partner zu verlassen. Hatte man schon länger Bedenken gegenüber der festen Beziehung, kann die Außenbeziehung den Anstoß geben, den Partner zu verlassen.

Die Verarbeitung einer Affäre als Lernprozess

Die Affäre oder *die* Beziehung mit einer dritten Person gibt es nicht. Menschen sind ganz unterschiedlich. Beziehungen haben ihren eigenen Verlauf. Beziehungen durchlaufen verschiedene Phasen. Jede Phase birgt Krisen und Chancen. Jeder beschließt am Ende selbst, was er will.

Außenbeziehungen bringen einem sicherlich, dass man gefühlsmäßig intensive Augenblicke genießen kann. Aber betrachtet man alle Aspekte zusammen, stehen die positiven Momente in keinem Verhältnis zu den negativen: alle Spannungen, die Verletzungen des Partners und letztlich der Schaden bei allen Beteiligten.

Man kann viel lernen, wenn die Affäre gut verarbeitet wird. Zum Beispiel kann man den Aspekten in der ursprünglichen Beziehung mehr Aufmerksamkeit schenken, die in der Affäre scheinbar sehr wichtig waren. So kann man mit etwas Einsatz und Mühe die ursprüngliche Beziehung vertiefen. Man lernt auch viel über den anderen. Auch im Umgang miteinander: Unterschiede deutlich machen, miteinander ringen, zusammen neue Ziele finden und gemeinsame Projekte entwickeln, sich neue Prioritäten setzen. Man lernt, dass man immer weiter in die Beziehung investieren muss. Bei einer Affäre kann man oft beobachten, wie der feste Partner plötzlich alle Energie und Zeit in die Beziehung investiert; das ist etwas, was es vorher nicht gab. Es zeigt, dass latent immer genug Zeit vorhanden ist für die Beziehung.

Wenn sich beide Partner dafür einsetzen, können die Probleme, die durch eine Affäre mit einer dritten Person entstanden sind, gemeinsam verarbeitet werden. Der Einsatz liegt vor allem darin, sich Zeit für sich selbst und für den anderen zu nehmen. Man muss immer wieder aussprechen, was man erlebt, sich immer wieder neu einigen und versöhnen. Die bestehende Beziehung muss immer wieder neu durch den positiven Umgang miteinander gestärkt und eine gemeinsame neue Zukunftsperspektive gefunden werden.

Literatur

Allgeier, A. R. a. E. R. Allgeier (2000): Sexual interactions. Boston New York (Houghton Mifflin).

Bakker, C. a. M. Bakker-Rabdau (1973): No trespassing. Explorations in human territoriality. San Francisco (Chandler & Sharp).

Buunk, B. (1984): Tussen autonomie en geborgenheid. In: A. Vansteenwegen a. D. Verstraeten (Hrsg.): Partnerrelatie en therapie. Leuven (Acco), S. 41–63.

Cano, A. a. K. O'Leary (1997): Romantic jealousy and affairs: Research and implications for therapy. *Journal of Sex and Marital Therapy* 23: 29–275.

Charny, I. W. (1992): Existential/dialectic marital therapy. New York (Brunner/ Mazel).

Charny, I. W., a. S. Parnass (1995): The impact of extramarital relationships on the continuation of marriages. *Journal of Sex and Marital Therapy* 21: 100–115.

Dijkstra, P., H. Groothof, G. Poel, T. Laverman, M. Schrier a. B. P. Buunk (2001): Sex differences in the events that elicit jealousy among homosexuals. *Personal Relationships* 8: 41–54.

Drigotas, S. M., C. A. Safstrom a. C. Gentilia (1999): An investment model prediction of dating infidelity. *Journal of Personality and Social Psychology* 77: 509–524.

Elbaum, P. L. (1981): The dynamics, implications and treatment of extramarital sexual relationships for the family therapist. *Journal of Marital and Family Therapy* 7: 489–495.

Hahlweg, K., L. Schindler u. D. Revenstorf (1982): Partnerschaftsprobleme: Diagnose und Therapie. Heidelberg, Berlin (Springer), 2. Aufl. 1998.

Harris, C. R. a. N. Christenfeld (1996): Gender, jealousy and reason. *Psychological Science* 7: 364–366.

Hatfield, E., J. Traupman, S. Sprecher, M. Utne a. J. Hay (1985): Equity and intimate relations: Recent research. In: W. Ickes (ed.): Compatible and incompatible relationships. New York (Springer).

Hetherington, E. (2002): For better and for worse. Divorce reconsidered. New York (Norton). [dt. (2003): Scheidung – die Perspektive der Kinder. Weinheim (Beltz).]

Kinsey, A. C., W. Pomeroy a. C. E. Martin (1948): Sexual behavior in the human male. Philadelphia (Saunders). [dt. (1955): Das sexuelle Verhalten des Mannes. Berlin (S. Fischer).]

Kinsey, A. C., W. Pomeroy, C. E. Martin a. P. E. Gebhard (1953): Sexual behavior in the human female. Philadelphia (Saunders). [dt. (1954): Das sexuelle Verhalten der Frau. Berlin (S. Fischer).]

Kooy, G., H. Moors, N. Schelvis a. C. J. Weeda (1983): Sex in Nederland. Utrecht/Antwerpen (Het Spectrum).

Levine, S. B. (1998): Sexuality in mid-life. New York (Plenum Press).

Levine, S. B. (1998): Extramarital affairs. *Journal of Sex and Marital Therapy* 24: 207–216.

Luyens, M. (2002): Liever Vrijen. Tielt (Lannoo), 8. ed.

Luyens, M. a. A. Vansteenwegen (2001): Intervenciones terapéuticas en parejas con problemas por affairs extramatrimoniales: Un modelo de fases. *Revista Argentina de Sexualidad Humana* 15 (1): 7–16.

Luyens, M. a. A. Vansteenwegen (2001): Couple therapy interventions for problems with extramarital affairs: A phasic model. *Journal of Couples Therapy* 10 (3): 77–94.

Mathes, E. G. a. C. Verstraete (1993): Jealous aggression: Who is the target, the beloved or the rival? *Psychological Reports* 72: 1071–1074.

Meyering, R. A. a. E. A. Epling-McWherter (1986): Decision-making in extramarital relationships. *Lifestyle: A Journal of Changing Patterns* 8: 115–128.

Michael, R. T., J. H. Cagnon, E. O. Laumann a. G. Kolata (1994): Sex in America: A definitive survey. London (Little, Brown). [dt. (1994): Sexwende: Liebe in den 90ern – der Report. München (Knaur).]

Mullen, P. E. a. J. Martin (1994): Jealousy: A community study. *British Journal of Psychiatry* 164: 35–43.

Nichols, W. C. (1988): Marital therapy. New York (Guilford).

Pinter, H. (1978): Betrayal. London (Methuen). [dt. (1979): Betrogen. Reinbek (Rowohlt).]

Pittman, F. (1989): Private Lies. New York (Norton). [dt. (1991): Angenommen, mein Partner geht fremd. Stuttgart (Krenz).]

Prins, K. S., B. P. Buunk a. N. W. Van Yperen (1993): Equity, normative disapproval and extramarital relationships. *Journal of Social and Personal Relationships* 10 (1): 39–53.

Revell, A. a. A. Vansteenwegen (2003): The phenomenon of swinging couples. 16th World Congress of Sexology. Havana, Cuba, March 10–14, 2003. [Internet]. Available: http://www.worldsexology.org/doc/abstractsCuba.pdf [4.7.2006].

Riehl-Emde, A. (1998): Die Liebe – eine vernachlässigte Dimension in Paartherapie und Eheforschung. Zürich. (Habilitationsschrift).

Sandfort, T. a. E. De Vroome (1996) Homoseksualiteit in Nederland: Een vergelijking tussen twee aselecte groepen homoseksuele en heteroseksuele mannen. *Tijdschrift voor Seksuologie* 20: 232–245.

Schnarch, D. (1998): Passionate marriage. New York (Owl Books). [dt. (2006): Die Psychologie sexueller Leidenschaft. Stuttgart (Klett-Cotta).]

Schnarch, D. (2002): Resurrecting sex. New York (Harper Collins).

Sheppard, V. J., E. S. Nelson a. V. Andreoli-Mathi (1995): Dating relationships and infidelity: Attitudes and behaviors. *Journal of Sex and Marital Therapy* 21: 202–212.

Slob, A. K., C. W. Vink, J. Moors a. W. Everaerd (Hrsg.) (1998): Leerboek Seksuologie. Houten (Bohn Stafleu Van Loghum).

Vansteenwegen, A. (1996): Helpen bij partnerrelatieproblemen. Het praktijkboek. Houten (Bohn Stafleu Van Loghum), 2 ed.

Vansteenwegen, A. (1988, 2002): Liefde is een werkwoord. Tielt (Lannoo), 29. Aufl. [dt. (i. Vorb.): Liebe, ein Tätigkeitswort. Spielregeln für die Partnerschaft. Heidelberg (Carl-Auer).]

Vansteenwegen, A. (2001): Liefde na verschil. Tielt (Lannoo).

Vansteenwegen, A. (2002): Liefde vraagt tijd. Tielt (Lannoo). [dt. (2003): Liebe – eine Zeitfrage. Paare erleben die Zeit unterschiedlich. *Wege zum Menschen* 55: 14–23.]

Vansteenwegen, A. a. D. Thewissen (1988): Partnerrelatietherapie en buitenechtelijke relatie in de praktijk. *Actualiteiten, Relatie en Seksualiteit* 11: 163–167.

Varda, A. (1965): Le bonheur (film). [dt. (1965): Das Glück aus dem Blickwinkel des Mannes.]

Wiederman, M. W. (1997): Extramarital sex: Prevalence and correlates in a national survey. *The Journal of Sex Research* 34 (2): 167–174.

Willi, J. (2002): Psychologie der Liebe. Stuttgart (Klett-Cotta).

Über die Autoren

Maureen Luyens ist Psychologin und Sexualtherapeutin. Sie arbeitet an der Universitätsklinik in Leuven als Supervisorin und Trainerin für Paar-, Familien- und Sexualtherapie. Maureen Luyens ist verheiratet mit Alfons Vansteenwegen. Gemeinsam haben sie vier Kinder.

Alfons Vansteenwegen ist Professor und Direktor des Instituts für Familien- und Sexualstudien der Katholischen Universität Leuven/Belgien. Seit 30 Jahren arbeitet er als Psychologe, Sexualtherapeut und Paartherapeut. Seine zahlreichen Bücher wurden in viele Sprachen übersetzt.

Kontakt: alfons.vansteenwegen@med.kuleuven.ac.be

Alfons Vansteenwegen

Bevor die Liebe Alltag wird

Anregungen für eine gelungene Partnerschaft

177 Seiten, Kt, 2007
ISBN 978-3-89670-520-4

Am Anfang einer Liebesbeziehung schwebt man auf Wolken. Aber der Alltag bringt uns schnell auf den Boden zurück. Übersteigerte Erwartungen an den Partner, ungelöste Konflikte und unerfüllte Wünsche setzen auf Dauer auch der stärksten Partnerschaft zu.

Wie man im Beziehungsalltag offen, fair, einfühlsam und authentisch bleibt, vermittelt Alfons Vansteenwegen in diesem Buch. Der erfahrene Paartherapeut bietet seinen Leserinnen und Lesern an, ihre Beziehungsmythen und romantischen Vorstellungen zu hinterfragen und Probleme als Teil der Beziehung zu begreifen. Jeder bewältigte Konflikt stärkt und vertieft die Partnerschaft und die Liebe.

Anhand zahlreicher Beispiele aus seinem Praxisalltag beschreibt Vansteenwegen anschaulich, in welchen Beziehungsphasen welche Probleme auftreten können: von der ersten gemeinsamen Zeit bis zum Zusammenleben im Alter. Konkrete Vorschläge, wie gemeinsame Lösungen gefunden werden können, fehlen ebenso wenig wie Empfehlungen, wann es Zeit wird, Hilfe bei Fachleuten zu suchen.

„Das Buch ist sehr konkret und wird jedem, der in einer Beziehung lebt, wichtige Anregungen für die Gestaltung des Zusammenlebens geben."
Prof. Dr. med. Jürg Willi, Ehe- und Familientherapeut

Carl-Auer Verlag • www.carl-auer.de

Eia Asen

So gelingt Familie

Hilfen für den alltäglichen Wahnsinn

196 Seiten, Kt, 2008
ISBN 978-3-89670-606-5

Geliebt oder gemieden – Familie spielt im Leben aller Menschen eine zentrale Rolle. Mit ihr zu leben ist selten einfach, ohne sie erst recht.

Der Familientherapeut Eia Asen gibt in diesem Ratgeber erprobte Tipps für alle Phasen des Familienlebens: von der ersten Verliebtheit über den Wandel vom Paar zur Familie bis hin zum Meistern von Krisen in der Lebensmitte und den Problemen des Alters. Anhand typischer Familienszenarien zeigt er Möglichkeiten auf, wie man Probleme frühzeitig erkennen kann, und bietet Übungen an, die Familien helfen, aus eigener Kraft Lösungen zu finden. Aus seiner jahrzehntelangen Erfahrung als Familientherapeut erklärt der Autor auch, wann es nötig ist, Unterstützung bei Fachleuten zu suchen.

Das Buch verbindet einfühlsamen, ermutigenden Rat mit gesundem Humor und ist jedem zu empfehlen, der seine Familie besser verstehen und das Leben mit ihr genießen will.

Carl-Auer Verlag • www.carl-auer.de

Matthias Ochs | Rainer Orban

Familie geht auch anders

Wie Alleinerziehende, Scheidungskinder
und Patchworkfamilien glücklich werden

195 Seiten, 5 Abb., Kt, 2008
ISBN 978-3-89670-655-3

„Familie ist erstens etwas anderes und zweitens mehr." Diese Aussage steht am Anfang des Buches von Matthias Ochs und Rainer Orban. Die beiden Autoren räumen den Mythos des „Vater-Mutter-Kind-Ideals" von Familie aus dem Weg und machen den Blick frei auf längst gängige andere Formen familiären Zusammenlebens. Und sie zeigen, dass so genannte alternative Familienstrukturen historisch gesehen die Regel sind, nicht die Ausnahme.

An Beispielen von biologischen Zwei-Eltern-Familien, von Alleinerziehenden und Patchworkfamilien erläutern die beiden Psychologen, was notwendig ist, um glücklich und zufrieden in der jeweiligen Familienform zu leben, wie Geborgenheit, Offenheit und Selbstvertrauen in jeder Beziehung erreicht werden können und dass selbst eine Scheidung für Eltern und Kinder zur Chance werden kann.

Auf leicht verständliche Weise fassen sie aktuelle Ergebnisse aus der Forschung zusammen und ziehen Schlussfolgerungen für den Alltag daraus. So vermittelt das Buch die Einsicht, dass nicht die Form, sondern die Beziehungsqualität innerhalb der Familie darüber entscheidet, ob ein Kind gesund aufwächst.

„Ein heißer Tipp für alle, die sich mit dem Thema Familie beschäftigen, ein wirklich sehr beachtliches Werk zum Thema, das sich von den Familienratgebern, die sich sonst so auf dem Buchmarkt tummeln, erfreulich abhebt."

Prof. Dr. Arist von Schlippe

 Carl-Auer Verlag • www.carl-auer.de